ATTENTION...

ARTISANS DE L'ÉDITION ORIGINALE

ÉDITEUR :
ULRICH SCHRÖDER

COUVERTURE :
ANDREA FECCERO

SCÉNARIO :
FAUSTO VITALIANO ET MARCO BOSCO

DESSINS :
GIORGIO CAVAZZANO, SANDRO ZEMOLIN,
VITALE MANGIATORDI, FRANCESCO D'IPPOLITO,
ANDREA FRECCERO, CORRADO MASTANTUONO ET
MARCO MAZZARELLO.

PUBLIÉ PAR PRESSES AVENTURE, UNE DIVISION DE
LES PUBLICATIONS MODUS VIVENDI INC.
55, RUE JEAN-TALON OUEST, 2[E] ÉTAGE
MONTRÉAL (QUÉBEC) H2R 2W8
CANADA
WWW.GROUPEMODUS.COM

HISTOIRES PUBLIÉES POUR LA PREMIÈRE FOIS EN FRANÇAIS PAR GLÉNAT EN 2011 ET 2012
SOUS LES TITRES *DOUBLEDUCK 3* ET *DOUBLEDUCK 4*.

ÉDITEUR : MARC ALAIN
RESPONSABLE DE COLLECTION : MARIE-EVE LABELLE
TRADUCTION FRANÇAISE : GLÉNAT

DÉPÔT LÉGAL — BIBLIOTHÈQUE ET ARCHIVES NATIONALES DU QUÉBEC, 2014
DÉPÔT LÉGAL — BIBLIOTHÈQUE ET ARCHIVES CANADA, 2014

ISBN 978-2-89660-576-7

NOUS RECONNAISSONS L'AIDE FINANCIÈRE DU GOUVERNEMENT DU CANADA PAR L'ENTREMISE DU FONDS DU LIVRE DU CANADA POUR NOS ACTIVITÉS D'ÉDITION.

GOUVERNEMENT DU QUÉBEC — PROGRAMME DE CRÉDIT D'IMPÔT POUR L'ÉDITION DE LIVRES — GESTION SODEC

IMPRIMÉ EN CHINE

L'AGENT SECRET DOUBLE DUCK 2

LES HABITANTS DE LA BELLE ET PACIFIQUE **CLICKÉDONIE** ATTENDENT LES RÉSULTATS DES **ÉLECTIONS**...

NOTRE BIEN-AIMÉ **PRÉSIDENT SORTANT** SERA SANS AUCUN DOUTE RÉÉLU POUR LA CINQUIÈME FOIS, MÊME SI LES RÉSULTATS DES VOTES...
J 2767-1

... **INCONTESTABLES**, CAR **TRAITÉS PAR SATELLITE**, NE SERONT CONNUS QUE DANS UNE SEMAINE!
ENVOYER

WALT DISNEY

NOTONS QUE CETTE ANNÉE, ET POUR LA PREMIÈRE FOIS, UN **AUTRE CANDIDAT** S'EST PRÉSENTÉ, MALGRÉ DES CHANCES **QUASIMENT NULLES** DE GAGNER...

SALUONS TOUTEFOIS SON COURAGE! NOUS RENDONS L'ANTENNE AU STUDIO...
HUM...

À PRÉSENT, UN PEU DE CULTURE! PEU DE JOURS NOUS SÉPARENT DE L'ÉVÉNEMENT MUSICAL DE LA SAISON...
ÇA IRA COMME ÇA!
ZAP

DOUBLE DUCK
AVANT-

PREMIÈRE

MESSIEURS, VOUS SAVEZ TOUT! LE GRAND MOMENT EST ARRIVÉ!

DEPUIS DES ANNÉES, NOUS PRÉPARONS CE PROJET QUI DOIT FAIRE **EXPLOSER** NOTRE CHIFFRE D'AFFAIRES!

À PRÉSENT, EN **AVANT LA MUSIQUE**!

CETTE MUSIQUE M'ENNUIE! JE ME SUIS ENDORMI!
PIROLIPIROLI
LE CLUB DE CANASTA PRÉSENTE UN CONCERTO DE KARL RONFLHEIM

COMMENT PEUT-ON JOUER UN TRUC PAREIL?
TU SOURIS, DONALD! APPRÉCIERAIS-TU CE CONCERTO?

JE L'ADORE! JE VOUDRAIS QU'IL NE FINISSE JAMAIS!
NOUS N'EN SOMMES QU'À LA MOITIÉ DU PREMIER MOUVEMENT!

LA MOITIÉ?... GLOUPS! JE VOULAIS DIRE... DÉJÀ?
RASSURE-TOI! LE DEUXIÈME SERA BEAUCOUP PLUS LONG!

PSST! JE CRAQUE AUSSI! JE VAIS SIMULER UN MALAISE ET VOUS M'ACCOMPAGNEREZ DEHORS!
JE NE SAIS PAS SI...
HALTE! ARRÊTEZ LA MUSIKE!

VOUS N'ÊTES QUE DES INKAPABLES!
QU'EST-CE QUI LUI PREND?
MAIS ENFIN, DONALD! C'EST KARL RONFLHEIM EN PERSONNE!

VOUS AVEZ OUBLIÉ CE SI BÉMOL, LÀ! REKOMMENCEZ!
QUOI?!
NON!

COMMENT ÇA, NON?
JE VOULAIS DIRE : OH, NON! IL A OUBLIÉ UN SI BÉMOL!
CHÉRIE! **PITIÉ!** RENTRONS!

CE CONCERTO A FAIT CHUTER MA TENSION!
CROYEZ-LE SUR PAROLE, MADAME.
J'AI L'IMPRESSION QUE RONFLHEIM NE T'EMBALLE PAS PLUS QUE ÇA!

TU L'AS DIT, CE N'EST QU'UNE IMPRESSION... OH! ON M'APPELLE!
C'EST QUI?
BRIP BRIP

C'EST... EUH... **ONCLE PICSOU!**
QUE TE VEUT-IL À CETTE HEURE-CI?
SMS
AGENCE MR JAY J
RÉPONSE :

J'AI L'EMBARRAS DU CHOIX... ASTIQUER SES PIÈCES, PARTIR POUR UNE ÎLE DÉSERTE, ÉPLUCHER POUR LA ÉNIÈME FOIS LA LISTE DE MES DETTES...
IL VOUS MÈNE EN BATEAU...

ILS SONT TOUS PAREILS, ET LE VÔTRE N'ÉCHAPPE PAS À LA RÈGLE!
SI VOUS AVEZ CINQ OU SIX HEURES, JE VOUS EXPLIQUERAI!
POURQUOI DIS-TU ÇA, CHÉRIE?

LE FAIT EST QUE... BLABLA... UN ÉVÉNEMENT IMPRÉVU... BLABLA... UN TRUC DINGUE... BLABLABLA... DES CALAMARS DE L' ESPACE...

JURE-MOI QUE TU NE ME **MENS** PAS!
JE LE JURE! À 100 %! ET MÊME À 200 %!

S-BROING

QUATRE CORDES DE CASSÉES! D'UN SEUL COUP!
BON, J'Y VAIS! JE TE DONNERAI DE MES NOUVELLES!

J'AVAIS COMPLÈTEMENT OUBLIÉ CE RENDEZ-VOUS AVEC L'AGENCE! J'AI INTÉRÊT À ME DÉPÊCHER!

EN EFFET, **DOUBLE DUCK...**

... OU DOIS-JE SIMPLEMENT T'APPELER **DONALD DUCK?**
JE... JE N'AI PAS ENCORE DÉCIDÉ, CHEF!

ALORS, DÉCIDE! ET CETTE DÉCISION SERA **DÉFINITIVE!** TU RESTES **EN DEHORS**, OU TU **REJOINS** L'AGENCE!
RAPPELEZ-MOI BRIÈVEMENT QUELLE EST LA PROCÉDURE POUR EN SORTIR?

LA **R.M.**: REPROGRAMMATION MÉMORIELLE! ELLE EFFACE LES SOUVENIRS DES AGENTS QUI QUITTENT LE SERVICE!
TOUS LES SOUVENIRS?

JUSTE CEUX **LIÉS** AUX MISSIONS! TU NE TE SOUVIENDRAS PLUS DE TON PASSÉ D'AGENT SECRET! POUR TOUT LE RESTE, TA MÉMOIRE SERA INTACTE!
MAIS ALORS, **PERSONNE** NE SAURA QUE J'AI ÉTÉ DOUBLE DUCK!

ET SI J'ACCEPTE, JE DEVIENDRAI UN AGENT PERMANENT?
OUI, ET **PERSONNE** NE SAURA QUE TU ES DOUBLE DUCK!
4

JE VOIS! **PERSONNE** NE DOIT **JAMAIS RIEN** SAVOIR!
ALORS? QUE DÉCIDES-TU?

JE RESTE!
JE L'AURAIS PARIÉ! VOICI TA NOUVELLE MISSION...
D-DÉJÀ?

CONNAIS-TU CE THÉÂTRE?
C'EST LA SCALA DE MILAN. COMMENT NE PAS LE RECONNAÎTRE!
BRAVO! TU N'AS PAS HÉSITÉ UNE SECONDE!
MA FIANCÉE A ATTRAPÉ LE VIRUS DE LA MUSIQUE CLASSIQUE, FIGUREZ-VOUS, ET...
C'EST TRÈS INTÉRESSANT, MAIS TU NOUS RACONTERAS ÇA UNE AUTRE FOIS!
LA SEMAINE PROCHAINE AURA LIEU LA PREMIÈRE DE L'OPÉRA « CARLONE ET BEPPINA », DIRIGÉ PAR CLAUDIO ABBONDO.
D'APRÈS NOS AGENTS, CLAUDIO ABBONDO SERA ENLEVÉ LORS DE LA PREMIÈRE!
MAIS POURQUOI ENLÈVERAIT-ON UN CHEF D'ORCHESTRE?
PARCE QUE AVANT D'ÊTRE CHEF D'ORCHESTRE, ABBONDO A **DIRIGÉ** CETTE AGENCE!
QUOI?
LUI AUSSI A FAIT L'OBJET D'UNE R.M.! ÉTANT DONNÉ QU'IL AIMAIT LA MUSIQUE, COMME NOUVELLE IDENTITÉ, IL A CHOISI CELLE D'UN CHEF D'ORCHESTRE!
PERSONNELLEMENT, J'AURAIS PRÉFÉRÉ DEVENIR **TESTEUR DE MATELAS**...
ILS ONT DÛ DÉCOUVRIR SON PASSÉ, ET ILS VEULENT RÉCUPÉRER ABBONDO POUR LE SOUMETTRE À UNE CONTRE-R.M.!
C'EST RÉALISABLE?
TECHNIQUEMENT, OUI!

RENTRE CHEZ TOI, REGARDE CE D.V.D. ET TU SAURAS TOUT CE QU'IL TE FAUT SAVOIR!

JE TE DÉRANGE? QUE REGARDAIS-TU?
UN... UN DOCUMENTAIRE! SUR LES ANIMAUX AMPHIBIES DES EAUX STAGNANTES!
ZAP

JE VENAIS PRENDRE DES NOUVELLES DE TOI! TU DEVAIS M'EN DONNER.
JE N'AI RIEN D'EXTRAORDINAIRE À TE...
BRIP BRIP

... PAR CONTRE, JE DOIS PARTIR TOUT DE SUITE!
SMS
GIZMO
DOUBLE DUCK, MISSION CLAUDIO ABBONDO
AH? ET OÙ VAS-TU?

JE NE PEUX PAS LE DIRE!
POURQUOI?
PARCE QUE C'EST UN SECRET!
ET C'EST QUOI, CE SECRET?
IL S'AGIT DE TON...
DE MON?

... ANNIVERSAIRE!
TU VEUX DIRE QUE TU PRÉPARES UNE FÊTE?
9

AVEC DES CADEAUX? DE LA MUSIQUE? DES INVITÉS? DE LA DÉCO ET DES BALLONS?
VOYEZ OÙ MÈNE UN SIMPLE MOT...

JURE-MOI QU'IL N'Y A RIEN D'AUTRE QUE JE DEVRAIS SAVOIR!
JE TE LE JURE À 100 %!

ET MÊME À 300 %, SI ÇA TE RASSURE!
KATA KRONK

BON, J'Y VAIS... POUR COMMANDER LES GUIRLANDES!
J'ADORE LES GUIRLANDES! ET LES **NÉONS**!

OH, UN CARAMBOLAGE! ET UN **GROS**!
MOUI!

JE N'ARRÊTE PAS DE MENTIR! ÇA VA DEVENIR UNE HABITUDE! À PRÉSENT...

... ALLONS DÉCOUVRIR LES FABULEUX GADGETS DE GIZMO!
10

ON DIRAIT LA TÉLÉCOMMANDE D'UN **MIXEUR**!
CE GPS PORTABLE NOUS DONNERA À TOUT MOMENT TA POSITION!

SATELLITE FERRET
SATELLITE CANYON
SATELLITE BLUE EAGLE
SATELLITE BLUEBIRD
LE G.P.S. ENVOIE UN RAYON, ET UN SATELLITE EN ORBITE LE RENVOIE SUR TERRE.
EUH... ET POUR APPELER L'EXTÉRIEUR, JE COMPOSE LE ZÉRO?
TU NE POURRAS PAS TÉLÉPHONER!

LES ORDINATEURS, LES PORTABLES ET LES TALKIES-WALKIES SONT INTERDITS DANS LE THÉÂTRE!
OFFICIELLEMENT, POUR DES RAISONS « ARTISTIQUES »!

« EN FAIT, LA SÉCURITÉ S'APPLIQUE À RENDRE LA VIE DURE AUX VOLEURS, SANS PROVOQUER LA PANIQUE. »

PERSONNE N'EST AU COURANT, EXCEPTÉ ABBONDO!
TU TE FERAS PASSER POUR UN MUSICIEN! ALORS SOIS DISCRET!
JE ME RENDRAI INVISIBLE, SI NÉCESSAIRE!

À TOI DE JOUER! BONNE CHANCE!
IL ME SERA PLUS FACILE DE DEVENIR INVISIBLE QUE CHANCEUX!

RÉUSSIRA-T-IL?
JE L'ESPÈRE. C'EST UNE MISSION DÉLICATE.

C'EST LE GRAND CHEF QUI VOULAIT DOUBLE DUCK?
OUI. IL LE CONNAÎT BIEN ET IL A CONFIANCE EN LUI.

ET LA DÉCISION DU GRAND CHEF NE ME SURPREND PAS...

PEU APRÈS...
MONTEZ À BORD! NOUS ARRIVERONS DANS SEPT HEURES!
POUR UNE FOIS, JE NE VOYAGERAI PAS DANS UN CERCUEIL VOLANT!

J'AURAI LE TEMPS DE ME CHANGER, DE FAIRE LES COMPTES...
DOUBLE DUCK
CLAUDIO ABBONDO

... ET DE PLANIFIER CETTE MISSION!

C'EST ÉTRANGE, MONSIEUR! TOUS LES SATELLITES ARTIFICIELS SONT TRANQUILLES...
QUE VEUX-TU DIRE?

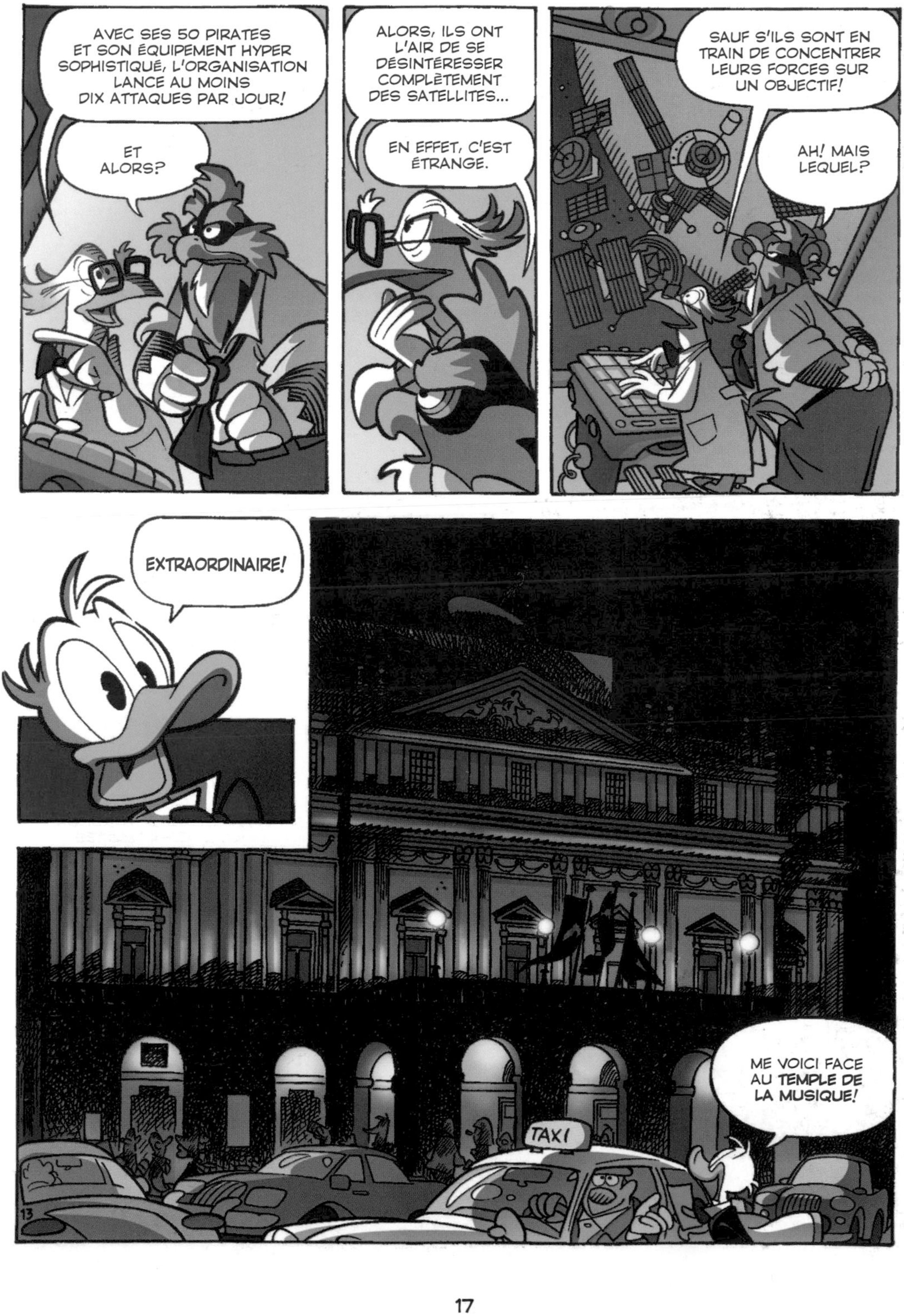

EXTRAORDINAIRE!

ME VOICI FACE AU **TEMPLE DE LA MUSIQUE!**

TAXI

IL VA ME DEMANDER CE QUE JE FAIS LÀ!
J'AI RENDEZ-VOUS!
EH, VOUS, QUE FAITES-VOUS LÀ?

J'AI RENDEZ-VOUS AVEC LE **MAESTRO** CLAUDIO ABBONDO!
VOUS ÊTES MUSICIEN?
POURQUOI? JE RESSEMBLE À UN TORERO?
NON, À UN VALET DE CHAMBRE!

LE BUREAU DU DIRECTEUR EST AU FOND DU COULOIR!
MERCI DU TUYAU!
ILS N'ONT PAS LÉSINÉ SUR LA SÉCURITÉ!

JE PEUX, MAESTRO? JE REMPLACE UN MUSICIEN.
AH! BIEN! ENTREZ DONC!

C'EST UNE CHANCE DE VOUS AVOIR TROUVÉ! CE MAUDIT JOUEUR DE TRIANGLE S'EST VOLATILISÉ DANS LA NATURE!
14

IL S'EST PEUT-ÊTRE TROMPÉ D'AVION! JE ME DEMANDE OÙ IL SE TROUVE À PRÉSENT...
JE DIRAIS QUE L'AGENCE A FAIT EN SORTE...

« ... DE LUI TROUVER UN AUTRE ENGAGEMENT! »
AHI-AHIA-HIAH-AIIII!
AHIAHIII!
...
AAAAHIII!
ORCHESTRE DE MARIACHI
TING

JE VOIS QUE NOUS N'AURONS PAS DE SOUCI À NOUS FAIRE, VOTRE C.V. EST IMPRESSIONNANT!
ET FAUX À 400 %!
CURRICU

« CARLONE ET BEPPINA » EST UN DES OPÉRAS LES PLUS DIFFICILES QUI SOIENT!
EN EFFET!

VOUS NOTEREZ QUE DANS LE FINAL, L'ORCHESTRE ET LES CHANTEURS DEVRONT ATTEINDRE UN CRESCENDO D'UNE PUISSANCE INOUÏE!
JE NOTE, JE NOTE!
Carlone et Beppina
15

PERSONNE NE L'AVAIT INTERPRÉTÉ JUSQU'AU BOUT, À CAUSE DES CONSÉQUENCES!
COMMENT ÇA?
Carlone et Beppina

LE CRESCENDO ATTEINDRA 310 GIGAHERTZ DE **FRÉQUENCE SONORE**, CE QUI POURRAIT ENTRAÎNER **L'EFFONDREMENT** DES PONTS!
FORTE FORTISSIMO
ESAGERATAMENTE FORTE
FORTE FORTISS

MAIS NOUS LE JOUERONS! POUR L'AMOUR DE L'ART!
OK! SI C'EST POUR L'ART...

JE VOUS PRÉSENTE À VOS COLLÈGUES! TOUS DES VIRTUOSES!
HELLO! BONJOUR!

ET VOICI LES DEUX IMMENSES INTERPRÈTES DE CARLONE ET BEPPINA!

LA SOPRANO ANJA CAROTIDENKAYA ET LE TÉNOR FRANCESCO SONIDOR!
HELLO! ENCHANTÉ!
SVARENSKA DOBROSKY!
OLÉ!

ALLEZ PRENDRE UN PEU DE REPOS! JE VAIS VOUS DONNER UN PLAN AVEC L'EMPLACEMENT DE VOS LOGES!
UN PLAN?
16

OUI! COMME VOUS LE VOYEZ, LE THÉÂTRE EST UN VRAI LABYRINTHE!
À TOUS LES COUPS ON SE PERD!

JE NE SAIS DÉJÀ PLUS OÙ JE SUIS!

IL Y A PEUT-ÊTRE QUELQU'UN QUI...

DIABLE! ON DIRAIT LA SALLE DE CONTRÔLE D'UN CENTRE SPATIAL!

MAIS À QUOI SERT-ELLE?
QUE FAIS-TU LÀ?
17

GLOUPS! JE... JE ME SUIS PERDU!
TU ES UN DES MUSICIENS?

JE SUIS LE QUADRILATÈRE... ENFIN, LE TRAPÉZI... NON, LE **TRIANGLE**!
LES SERVEURS N'ONT RIEN À FAIRE ICI!

ÔTEZ-MOI UN DOUTE... À QUOI SERT CETTE INSTALLATION?
C'EST LA RÉGIE TÉLÉ POUR LA RETRANSMISSION EN DIRECT DE L'OPÉRA!

UNE RETRANSMISSION DANS UNE ZONE OÙ LES TRANSMISSIONS NE PASSENT PAS? ILS ME PRENNENT POUR UNE VALISE!
EH! NE PARS PAS!

JE TROUVE ÇA SUSPECT...
C'EST À TOI, CE TRUC-LÀ?

OUI! C'EST MON... ACCORDEUR!
UN ACCORDEUR? POUR UN **TRIANGLE**?
18

IL ME SERT À **ACCORDER** LE SI BÉMOL! ÉCOUTEZ!
HUM...
TINNNG...

CEPENDANT...
LA RÉPÉTITION GÉNÉRALE VA DÉBUTER!
IL MANQUE LE TRIANGLE, MAESTRO!

S'IL Y A UNE CHOSE QUE JE DÉTESTE, C'EST UN « AGENT » QUI NE RESPECTE PAS LES HORAIRES!
UN « AGENT »?

PARDON, UN **MUSICIEN**! C'ÉTAIT UN LAPSUS!

COMMENÇONS SANS LUI, ET DONNEZ LE MEILLEUR! C'EST UNE **MISSION** DIFFICILE!
UNE MISSION?

JE VOULAIS DIRE : UNE COMPOSITION! QU'EST-CE QUI ME PREND, AUJOURD'HUI?

HUM... TOUT ÇA ME SEMBLE TRÈS NÉBULEUX...
19

D'APRÈS LE PLAN, UN TUNNEL PART D'ICI ET TRAVERSE TOUT LE THÉÂTRE!

EN TOUTE LOGIQUE, LA RÉGIE DOIT SE TROUVER AU-DESSUS!

TIENS, LE TYPE DE TOUT À L'HEURE! TÂCHONS D'EN SAVOIR PLUS GRÂCE AU GADGET DE GIZMO...

HUM... ÇA M'A TOUT L'AIR D'ÊTRE UN COMPTEUR!
1h 32'30

IL Y A QUELQUE CHOSE D'ÉCRIT SUR L'ÉCRAN...

BLUE EAGLE! J'AI DÉJÀ ENTENDU CE NOM...
BLUE EAGLE
VERROUILLER
DÉVERROUILLER

ÇA VA DE ZÉRO À 310! QUE MESURE CET ENGIN?
310
0

PARAZUM
ZUM
ZUM
LA RÉPÉTITION COMMENCE! J'ESPÈRE QUE CLAUDIO N'EST PAS À CHEVAL SUR LES HORAIRES!

L'APPAREIL S'EST DÉCLENCHÉ! IL MESURE LA **FRÉQUENCE SONORE**!
0
310

APRÈS LA RÉPÉTITION, J'AURAI DU PAIN SUR LA PLANCHE, ON DIRAIT!

AH! MONSIEUR DAIGNE ENFIN SE MONTRER!

J'AI EU UN LÉGER CONTRETEMPS!

D'ABORD UN CARAMBOLAGE... BLABLA... DES CALAMARS DE L'ESPACE...
SPROINNNN!

TOUTES LES CORDES ONT SAUTÉ!

ASSEZ DISCUTÉ! REPRENONS!
ÇA VA, COLLÈGUE?

SALUT, COLLÈGUE! DIS-MOI, TOUT BAIGNE?
OUI! ON PEUT DIRE ÇA!

JE ME TROMPE OU IL Y A UN SOUCI AVEC LA HARPE?
OH, UN TOUT PETIT! DE TOUTE FAÇON, ON NE L'ENTENDAIT PAS!

RÉPÉTONS LE CRESCENDO FINAL! ÊTES-VOUS PRÊTS À POUSSER VOTRE DO?
KAZYMIRSKY VLADIVOSTOCK!
CARAMBA!

DOOOOOOOOOOOOO!
KRAAAKKK
22

FANTASTIQUE! JE VOUS DEMANDERAIS JUSTE DE BAISSER D'UN TON.
STURMTRUPPEN!
ANDALE!

« AU BOUT D'1H 32' 30! LE MÊME TEMPS AFFICHÉ À L'ÉCRAN! »

1h.32'30

UN TÉLÉPHONE FIXE! POURVU QU'IL FONCTIONNE!

DOUBLE DUCK! COMMENT AS-TU RÉUSSI À APPELER?
ON CHERCHERA L'EXPLICATION PLUS TARD, CHEF!

JE DOIS ABSOLUMENT VOUS PARLER D'UNE CHO...
QUI T'A AUTORISÉ À UTILISER CE TÉLÉPHONE?

JE... JE DISAIS À MA FIANCÉE D'ARROSER LES GÉRANIUMS!
L'ENTRÉE DE CETTE SALLE EST **INTERDITE**!

D'ACCORD! JE VAIS RÉPÉTER MA PARTITION POUR CE SOIR!
24

JE SENS QUE CE GARS-LÀ NE NOUS DIT PAS TOUT!
IL A DU RÉPONDANT ET DU SANG-FROID! TÂCHONS D'EN SAVOIR PLUS!

FLASH!

SI ÇA C'EST UN ACCORDEUR À TRIANGLE, ALORS MOI, JE SUIS UNE BALLERINE!
J'ENVOIE SA PHOTO AU Q.G., ET SI C'EST UN ESPION...

... IL REGRETTERA D'AVOIR FOURRÉ SON NEZ PARTOUT!
KLA-KLAK

LE G.P.S. DE DOUBLE DUCK N'ÉMET PLUS! IL A DES ENNUIS!
PAS SÛR! C'EST NOTRE MEILLEUR AGENT...
J'AI AUTRE CHOSE...

L'ORGANISATION A PRIS LE CONTRÔLE D'UN SATELLITE!
LE BLUE EAGLE? CE N'EST PAS LE PLUS IMPORTANT!

IL CONTRÔLE LES COMMUNICATIONS DE LA CLICKÉDONIE...
... OÙ SE SONT DÉROULÉES RÉCEMMENT DES ÉLECTIONS! JE COMMENCE À PENSER...
25

... QUE CETTE HISTOIRE D'ENLÈVEMENT EST UN ÉCRAN DE FUMÉE!
BLUE EAGLE
VERROUILLER
DÉVERROUILLER

SI JE NE REJOINS PAS L'ORCHESTRE, SON CHEF VA M'ÉCORCHER VIF!
ENTRÉE DES MUSICIENS

JE SUIS EN RETARD! JE SENS QU'ABBONDO VA ME HURLER DESSUS!

J'AVAIS RAISON! CE CANARD EST UN **ESPION**!
DOUBLE DUCK
À ÉLIMINER
MES GARS ET MOI ALLONS NOUS CHARGER DE LUI!

PENDANT CE TEMPS, CONTRÔLE LE **LASER**! NOUS N'AVONS DROIT QU'À UN ESSAI!
CE SERA SUFFISANT!

DÉCIDÉMENT! NOTRE COMPAGNIE SEMBLE VOUS DÉPLAIRE!
NON, NON! C'EST...
26

UN MOT DE PLUS ET JE VOUS ÉCORCHE VIF!

DIS-MOI QUE J'ARRIVE JUSTE À TEMPS!
OUI! TU NE MANQUERAS PAS LE FINAL!

ATTENTION! PRÊTS...

PAPA PA ZUM ZUM
AHIMEEEEEÈ...
ORSUUUUUÙ...

SUVIAAAAAA...
ADDIOOOOOOO...

ILS DÉTOURNAIENT L'ATTENTION AVEC L'ENLÈVEMENT, ET EN RENDANT LA ZONE INACCESSIBLE AUX CONTACTS EXTÉRIEURS...

... ILS ÉVITAIENT TOUTE INTERFÉRENCE! MAIS DANS QUEL BUT? IL FAUT QUE JE LE DÉCOUVRE...

« FRÉQUENCE À 310, COMME POUR LES GIGAHERTZ DU CRESCENDO DE L'OPÉRA. »

« L'HORLOGE INDIQUAIT 1H 32' 30, MÊME HEURE QUE LE PIC DU CRESCENDO. »

IL FAUDRAIT QUE JE DISPARAISSE, MAIS COMMENT?

ILS ONT MIS LEURS GORILLES PARTOUT!

ET SI JE BOUGE UNE PLUME, ABBONDO VA ME MASSACRER!

JE DOIS RESTER LÀ... MAIS C'EST PEUT-ÊTRE PAS PLUS MAL, FINALEMENT!

OHIBOOOOOOOOOO?!
BOM
BOM
BOM
BOM
PAPARAZUM
ZIN
ZIN

POUR QUE LEUR SABOTAGE FONCTIONNE, UN TRUC ME DIT QU'ILS ONT BESOIN DE **TOUTES LES NOTES** DU CRESCENDO...
BOM
BOM

... ET JE CROIS BIEN QU'UN CERTAIN **BÉMOL** VA MANQUER À L'APPEL!

DIX SECONDES AVANT LE PIC DU CRESCENDO...
1h.32'20

LA FRÉQUENCE MAXIMALE VA ÊTRE ATTEINTE...
300,5
0
310

LE SATELLITE EST DÉTOURNÉ...
30

LE LASER, PRÊT...
BBZzzzz

ET LES CHANTEURS S'ÉLANCENT POUR LE GRAND FINAL ...
MMMF...

VOILÀ LE CRESCENDO! ET C'EST PARTI!

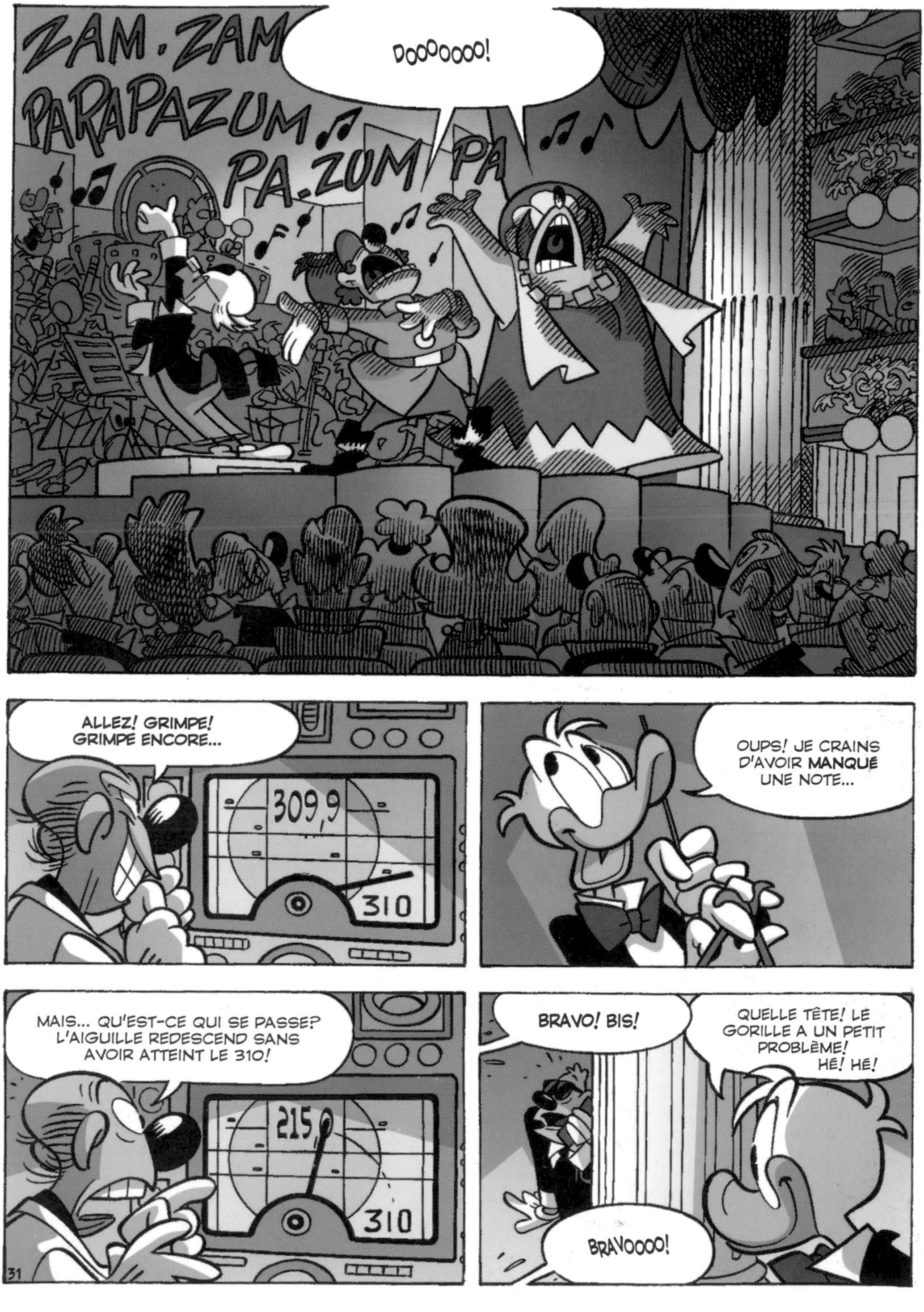

ZAM ZAM
PARAPAZUM
PA-ZUM PA
DOOOOOOO!

POURQUOI N'AS-TU PAS JOUÉ TON SI BÉMOL?
J'AVAIS DE BONNES RAISONS, MAESTRO!

JE VAIS TE RENVOYER CHEZ TOI DANS CINQ ÉTUIS À VIOLONS!
JE CROIS AVOIR SAISI L'IDÉE!
STOCK

TAIS-TOI OU J'EXÉCUTE MA MENACE SUR-LE-CHAMP!
NON, NON! NE VOUS DONNEZ PAS CETTE PEINE!

CE MAUDIT ESPION A SABOTÉ LE SABOTAGE!
GRRR! LA COMMUNICATION NE PASSE PAS!
32

QUE SE PASSE-T-IL?
JE NE SAIS PAS...

... AURAIENT-ILS AJOUTÉ UN NUMÉRO COMIQUE!?

FLÛTE! ME VOILÀ ENCERCLÉ!
QUI SONT CES TYPES? ON DIRAIT QU'ILS T'EN VEULENT!

ALLEZ-VOUS-EN ET LAISSEZ-LE-MOI!

CHÈRE CAROTIDENKAYA, JE SUIS EN DANGER! SI VOUS HURLIEZ VOTRE « DO », ÇA M'AIDERAIT!
GAWRONSKAYA?

AH, J'AI COMPRIS!
OH, OH! MOI AUSSI...
33

DOOOOOOOO!

CRACK
OUI! MERCI, CHÈRE CAROTIDENKAYA!
GASP!

KATASBRANGHETE

QUE... QUE S'EST-IL PASSÉ?
TOUT EST FINI, MAESTRO!

CES CRIMINELS AVAIENT L'INTENTION DE VOUS ENLEVER!
DE M'ENLEVER? MOI?

JE VOUS EXPLIQUERAI TOUT!
MAIS OÙ EST CE CANARD?
QUEL CANARD?

CELUI QUI SE FAISAIT PASSER POUR UN MUSICIEN!
CE FASCINANT JEUNE HOMME!

IL A DISPARU.
34

AHIMEEEEEEEE!
NON, JE VOUS EN PRIE!

LE LENDEMAIN, À DONALDVILLE...
TU AS ÉTÉ COURAGEUX ET ASTUCIEUX, D-D!
ET POUR UNE FOIS : CHANCEUX!

C'ÉTAIT LE COMPLOT PARFAIT! L'ORGANISATION AVAIT TOUT PRÉVU!
QUE S'EST-IL PASSÉ APRÈS MON DÉPART?

OFFICIELLEMENT, L'ENLÈVEMENT DU CHEF D'ORCHESTRE CLAUDIO ABBONDO A ÉTÉ DÉJOUÉ!
ET, BIEN SÛR, ON NE PARLE PAS DE MOI!
OPÉRATION POLICIÈR
DE GRANDE ENVERGURE
LA SAISON MUSICALE
EST SAUVÉE

BIEN SÛR! ET ILS NE PARLENT PAS NON PLUS DES HOMMES DE L'ORGANISATION!
BIEN SÛR, AUTREMENT DIT, ILS VONT S'EN TIRER!
35

HÉLAS! LA POLICE N'A PRIS QUE DES PETITS POISSONS! PAS LES CHEFS!
AU FAIT, JE DOIS VOUS AVOUER UNE CHOSE...

... JE N'AI TOUJOURS PAS COMPRIS QUEL ÉTAIT LEUR OBJECTIF!
JE VAIS T'EXPLIQUER ÇA!

LITE
ET
SATELLITE
BLUE EAGLE
ITE
RD
LES RÉSULTATS DES ÉLECTIONS QUI ONT EU LIEU DANS LA PACIFIQUE CLICKÉDONIE ÉTAIENT TRAITÉS PAR UN SATELLITE ARTIFICIEL...
LE BLUE EAGLE!
TOUT JUSTE!

EN PRENANT LE CONTRÔLE DU SATELLITE, L'ORGANISATION VOULAIT **CHANGER** L'ISSUE DES ÉLECTIONS EN FAVEUR DE **LEUR** CANDIDAT!

« ET SON PROGRAMME N'ÉTAIT PAS PACIFIQUE, CONTRAIREMENT À CELUI DU PRÉSIDENT SORTANT. »

LA CLICKÉDONIE SERAIT ENTRÉE EN GUERRE! ET ELLE AURAIT ACHETÉ...
36

... DES ARMES VENDUES PAR L'ORGANISATION!
TU AS COMPRIS!

MAIS CE N'EST PAS ARRIVÉ!
ET TOUT LE MÉRITE TE REVIENT!

NOUS SOMMES TOUS FIERS DE TOI. À COMMENCER PAR LE **GRAND CHEF**...
AH, OUI... LE GRAND CHEF...

IL FAUDRA **ÉCLAIRCIR** ÇA, AUSSI!
NOUS ALLONS LE FAIRE! MAIS JE TE RAPPELLE QUE CE POINT DOIT RESTER STRICTEMENT CONFIDENTIEL!

« SEULES DEUX PERSONNES CONNAISSENT L'IDENTITÉ DU GRAND CHEF! »

ET CES PERSONNES SONT : **MOI**... ET **TOI**, DOUBLE DUCK!

PEUX-TU GARDER CETTE INFORMATION ENTRE **TOI ET TOI**?
MOI ET MOI? CE SERA DUR...
37

... MAIS **J'ESSAIERAI!**
FIN

Walt Disney

Souvenir de Paris

DD DOUBLE DUCK

TIIIIII
CLANK
CYBERTECK
FSSSH
ENTRER
MOT DE PASSE
TIP
TAP
TUMP
TAMP
TAMP
TUMP

UEEEEEEEE
YAPAHP

1ST
01:13
EH, EH! CETTE FOIS, J'AI GAGNÉ!

ENCORE UN DERNIER VIRAG... **ARGH!**
DONALD!
150$
01:15:03

DIS-MOI POURQUOI TU AS DISPARU PENDANT QUE J'ESSAYAIS MES CHAUSSURES!
AU BOUT DE LA **QUARANTIÈME PAIRE**, JE ME SUIS LASSÉ...
300$
150$
PARTIE PERDUE
500$
5$

LES AS-TU ACHETÉES, AU MOINS?
NON! TOUS CES MODÈLES ÉTAIENT **HORRIBLES!**

ACCOMPAGNE-MOI! TU ME CONSEILLERAS POUR ACHETER UNE COCOTTE.
J'AI DU MAL À CACHER MA JOIE...
DVD
25$
15$

LE REVÊTEMENT INTERNE EST BIEN ANTIADHÉSIF?
OUI, SAUF SI VOUS FAITES CHAUFFER DE LA COLLE!
CES COURSES SONT D'UN ENNUI!
5$
12$
10$
Prend 2 POUR 1
super offre !! 3×4

POURRIEZ-VOUS M'AIDER, JEUNE HOMME?
CERTAINEMENT, MADAME!

J'AI OUBLIÉ MES LUNETTES! J'AIMERAIS QUE VOUS ME LISIEZ CE PETIT MOT!
PAS DE PROBLÈME!

GLOUPS! MAIS...
M. JAY J. T'ATTEND
MAINTENANT!

MERCI, VOUS ÊTES TRÈS GENTIL!
JE... JE VOUS EN PRIE!

QUE VAIS-JE DIRE À DAISY?
PARLEZ-MOI DES POIGNÉES!
IL Y EN A **DEUX**, SOUDÉES AUX BORDS!

MON POUSSIN... JE DOIS TE LAISSER! UNE URGENCE!
UNE URGENCE?!

POPOP S'EST EMBERLIFICOTÉ DANS UN FILET DE PÊCHE! IL FAUT QUE JE LE SORTE DE LÀ...
ET TU T'IMAGINES QUE JE VAIS AVALER ÇA!

OUI! JE FILE AU PORT AVANT QU'IL N'ÉTOUFFE!
DONALD! REVIENS IMMÉDIATEMEEEENT!
ZOOOW!

PEU APRÈS, AU SIÈGE DE L'AGENCE...

POUF! J'AI FAIT AUSSI VITE QUE POSSIBLE!
REPOSEZ-VOUS! MONSIEUR JAY J. S'EST ABSENTÉ, MAIS IL NE DEVRAIT PLUS TARDER!

IL EST EN RÉUNION AVEC LE GRAND PATRON!
COMPRIS, IL S'AGIT D'UNE RÉUNION TOP SECRET!

ET DIRE QUE J'AI CRU QUE C'ÉTAIT VOUS, LE **GRAND PATRON**!
OUI, OUI! JE ME RAPPELLE!

« JE VOUS PARLAIS POUR LA PREMIÈRE FOIS, PAR L'INTERMÉDIAIRE DE LA CAMÉRA »

JE SUIS ENTRÉE À CE MOMENT, ET VOUS M'AVEZ PRISE POUR LUI!
TROP DRÔLE!

EN VÉRITÉ, MÊME MOI, J'IGNORE QUI IL EST!
LE SECRET EST BIEN GARDÉ!

DOUBLE DUCK, DANS MON BUREAU! LIZ, JE NE SUIS LÀ POUR PERSONNE!
BIEN, MONSIEUR!
?!

À VOIR VOTRE MINE, LA SITUATION EST SÉRIEUSE!
TRÈS SÉRIEUSE!

170
160
150
140
RED PRIMEROSE, ALIAS KAY K, S'EST ÉVADÉE DE PRISON!
N°1234XX

CE N'EST PAS TOUT : ELLE A REPRIS SES ACTIVITÉS EN OFFRANT SES SERVICES À L'ORGANISATION!
GLOUPS! **L'ENNEMI NUMÉRO UN** DE L'AGENCE!

VOUS PENSEZ QUE KAY K VA REVENIR POUR...
ELLE EST REVENUE!

IL Y A DEUX JOURS, ELLE S'EST INTRODUITE DANS UN CENTRE DE RECHERCHE GOUVERNEMENTAL : « CYBERTECK ».
CYBERTECK

ET ELLE A DÉROBÉ LA CLÉ UNIVERSELLE!
ELLE A VOLÉ UN OUTIL DE PLOMBIER?

IL NE S'AGIT PAS D'UN OUTIL, MAIS D'UN CODE BINAIRE!
?

GRÂCE À LUI, ON PÉNÈTRE DANS N'IMPORTE QUEL SYSTÈME DE SÉCURITÉ INFORMATIQUE : BANQUES, TÉLÉCOMMUNICATIONS, SYSTÈMES DE DÉFENSE NATIONALE...

CELUI QUI DÉTIENT CETTE CLÉ DOMINE LE MONDE!
QUELLE HORREUR!

HEUREUSEMENT, NOTRE AGENT À PARIS A PU LA RÉCUPÉRER! MAIS MAINTENANT...

... NOUS DEVONS LA RAPATRIER ICI!
LA RAPATRIER? JE NE COMPRENDS PAS...

S'IL S'AGIT D'UN CODE, POURQUOI NE PAS L'ENVOYER PAR COURRIEL?
LE RISQUE **D'INTERCEPTION** EST TROP GRAND!

C'EST **TOI** QUI IRAS À PARIS LA RÉCUPÉRER!
C'EST CE QUE JE REDOUTAIS.

« MAIS IL Y A UNE SURPRISE, DOUBLE DUCK. TU N'IRAS PAS SEUL À PARIS! »
IL FAUT RECONNAÎTRE QUE LE PLAN DE MONSIEUR JAY J. EST BIEN FICELÉ!
313

EN Y ALLANT AVEC DAISY, JE CAMOUFLERAI MA MISSION EN UN VOYAGE EN AMOUREUX DANS LA VILLE LA PLUS ROMANTIQUE QUI SOIT!
10

ON NE ME SOUPÇONNERA JAMAIS COMME ÇA! ET EN PLUS, DAISY ME PARDONNERA DE L'AVOIR LAISSÉE TOMBER!
DAISY
313

QUAND ELLE APPRENDRA LA NOUVELLE, ELLE RESTERA SANS VOIX!

AÏE!
SPUMF
SEL DE CUISINE 1 KG

ÇA, C'EST POUR M'AVOIR PRÉSENTÉ UNE EXCUSE BIDON!
MAIS JE...

MAINTENANT, DIS-MOI LA VÉRITÉ, SINON...
A-ARRÊTE! LA VOILÀ, LA VÉRITÉ!

DES BILLETS D'AVION?!
POUR UNE SEMAINE À PARIS!

J'AI DÛ COURIR À L'AGENCE DE VOYAGE POUR LES RETIRER À TEMPS ET TE FAIRE LA SURPRISE!
OH! ET MOI QUI CROYAIS...

MON CHATON! VIENS LÀ QUE JE T'EMBRASSE! MOUA! MOUA!
DU CALME!

ALLONS ACHETER CE DONT ON A BESOIN POUR LE VOYAGE : CHAUSSURES, COSTUME, RUBAN...
ARGH!

DEUX JOURS PLUS TARD...
QUELLE SPLENDEUR! JE N'ÉTAIS JAMAIS DESCENDUE DANS UN PALACE!
C'EST LE MEILLEUR! ON N'Y REÇOIT QUE LES PLUS V.I.P. DES V.I.P.!
Lutetia
TAXI
1234 F

BONJOUR! J'AI RÉSERVÉ AU NOM DE DONALD DUCK!
SOYEZ LES BIENVENUS! NOUS VOUS AVONS ATTRIBUÉ LA SUITE ROYALE!

UNE SUITE? MAIS COMMENT AS-TU RÉUNI L'ARGENT?
EUH... EN ASTIQUANT DES PIÈCES! ONCLE PICSOU ME DEVAIT DES ARRIÉRÉS!

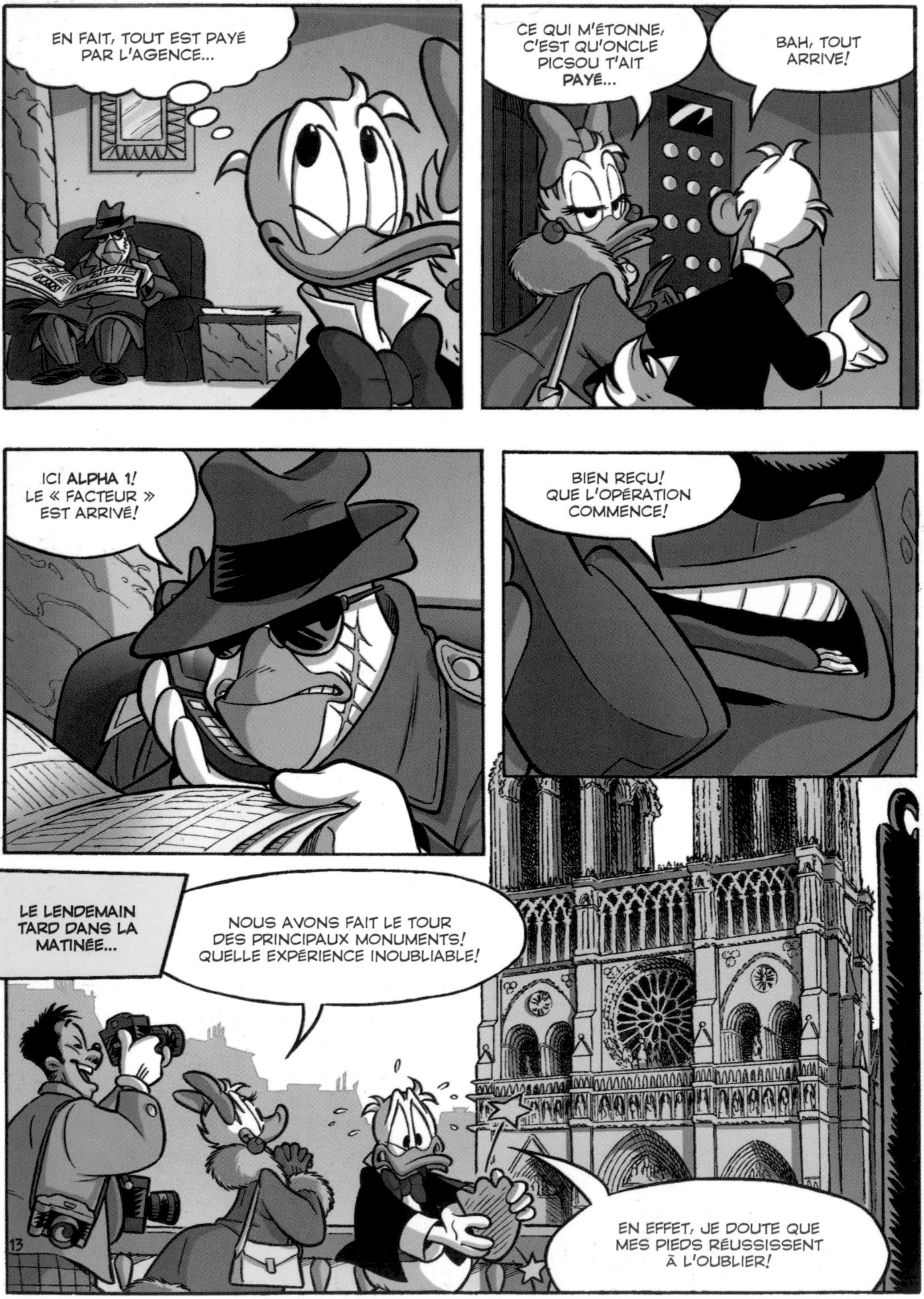

ICI **ALPHA 1**! LE « FACTEUR » EST ARRIVÉ!

BIEN REÇU! QUE L'OPÉRATION COMMENCE!

LE LENDEMAIN TARD DANS LA MATINÉE...

NOUS AVONS FAIT LE TOUR DES PRINCIPAUX MONUMENTS! QUELLE EXPÉRIENCE INOUBLIABLE!

EN EFFET, JE DOUTE QUE MES PIEDS RÉUSSISSENT À L'OUBLIER!

PRESQUE ONZE HEURES! IL EST TEMPS D'ALLER AU RENDEZ-VOUS!
10:51
STRAMBO
15

À MONTMARTRE, IL Y A UN MARCHÉ AUX PUCES TYPIQUE, SI TU VEUX...
OH! J'ADORE LES MARCHÉS AUX PUCES!
M

ET...
REGARDE CES AMOURS DE BABIOLES! SI JE M'ÉCOUTAIS, J'ACHÈTERAIS TOUT!
HEIN? AH! MOI AUSSI ...
L'AGENT D-DAHLIA DOIT ME CONTACTER, MAINTENANT!
5¢

LE SIGNAL DE RECONNAISSANCE EST UNE ÉCHARPE JAUNE!
MADEMOISELLE? VOUS PERMETTEZ?
14

UN HUMBLE HOMMAGE À VOTRE BEAUTÉ!
OH, MERCI! VOUS ÊTES ADORABLE!

C'EST LUI!
IL ME FAIT SIGNE DE LE SUIVRE!

ÇA T'ENNUIE SI JE TE LAISSE DEUX SECONDES?
NON, MON CHOU! JE T'ATTENDS LÀ!

VOICI LA CLÉ, DOUBLE DUCK!
JE TÂCHERAI DE NE PAS LA PERDRE!

PAS DE DANGER! ON VA SE CHARGER DE LA METTRE À L'ABRI POUR TOI!
DEUX AGENTS DE L'ORGANISATION!
?!
15

IL FAUDRA M'ATTRAPER D'ABORD!
AOURF!
ARRÊTE-LE! VITE!
JE M'EN OCCUPE!

S'ILS M'ATTRAPENT, JE SUIS FICHU!
PAR OÙ EST-IL PARTI?

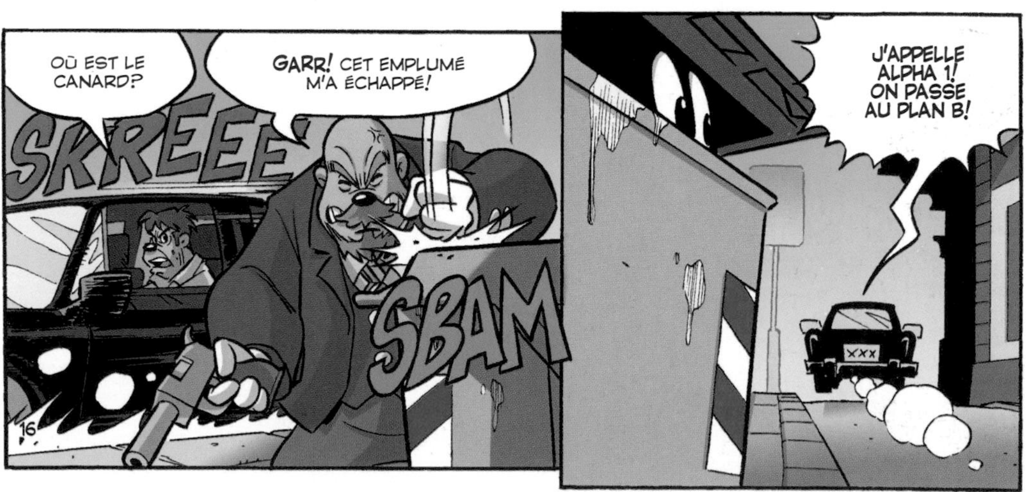
OÙ EST LE CANARD?
GARR! CET EMPLUMÉ M'A ÉCHAPPÉ!
SKREEEE
SBAM
16
J'APPELLE ALPHA 1! ON PASSE AU PLAN B!
XXX

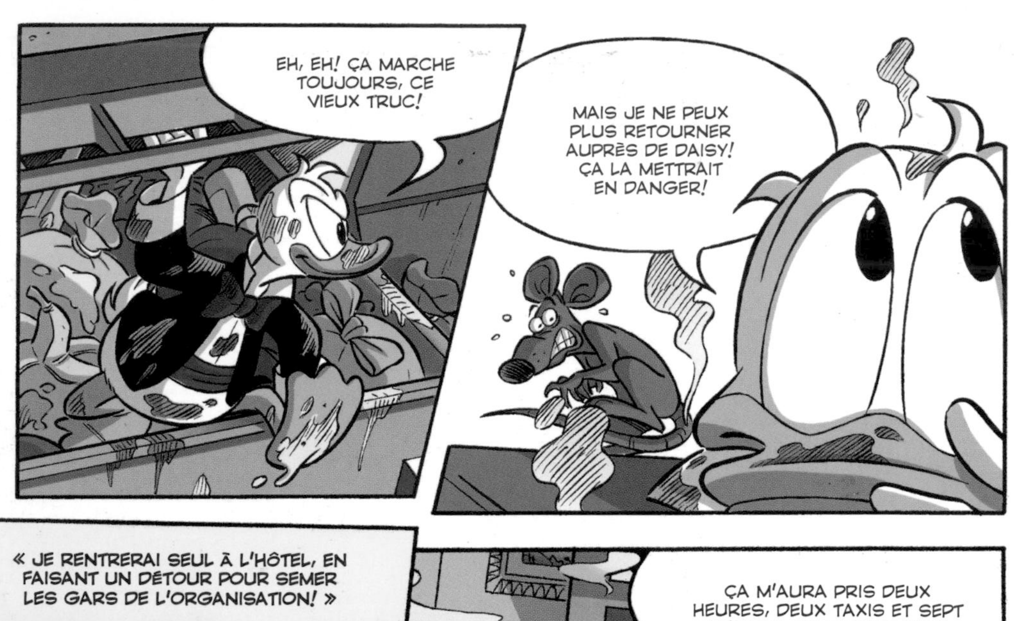
EH, EH! ÇA MARCHE TOUJOURS, CE VIEUX TRUC!
MAIS JE NE PEUX PLUS RETOURNER AUPRÈS DE DAISY! ÇA LA METTRAIT EN DANGER!

« JE RENTRERAI SEUL À L'HÔTEL, EN FAISANT UN DÉTOUR POUR SEMER LES GARS DE L'ORGANISATION! »
ÇA M'AURA PRIS DEUX HEURES, DEUX TAXIS ET SEPT MÉTROS, MAIS PERSONNE N'A PU ME SUIVRE!

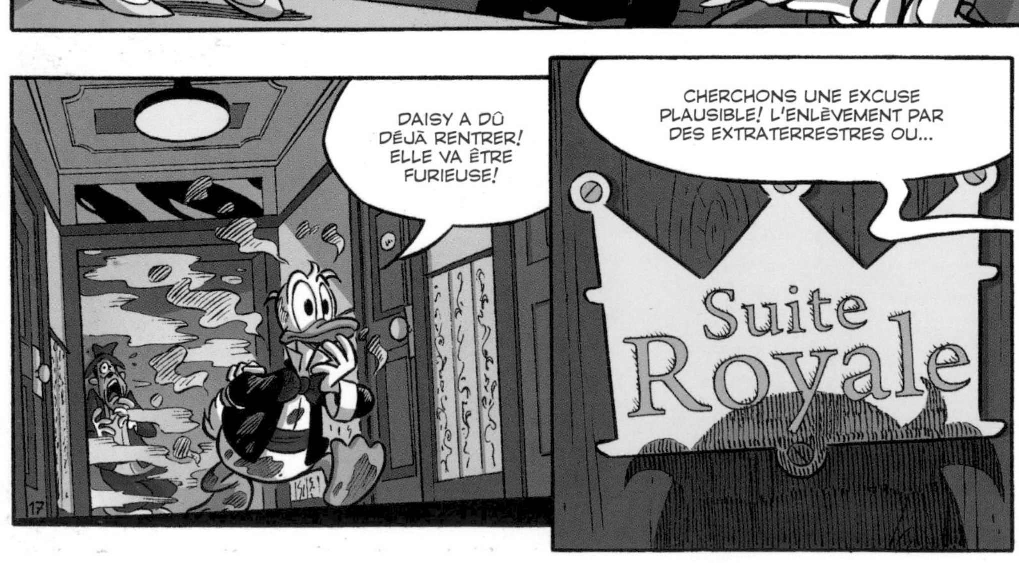
DAISY A DÛ DÉJÀ RENTRER! ELLE VA ÊTRE FURIEUSE!
CHERCHONS UNE EXCUSE PLAUSIBLE! L'ENLÈVEMENT PAR DES EXTRATERRESTRES OU...
Suite Royale

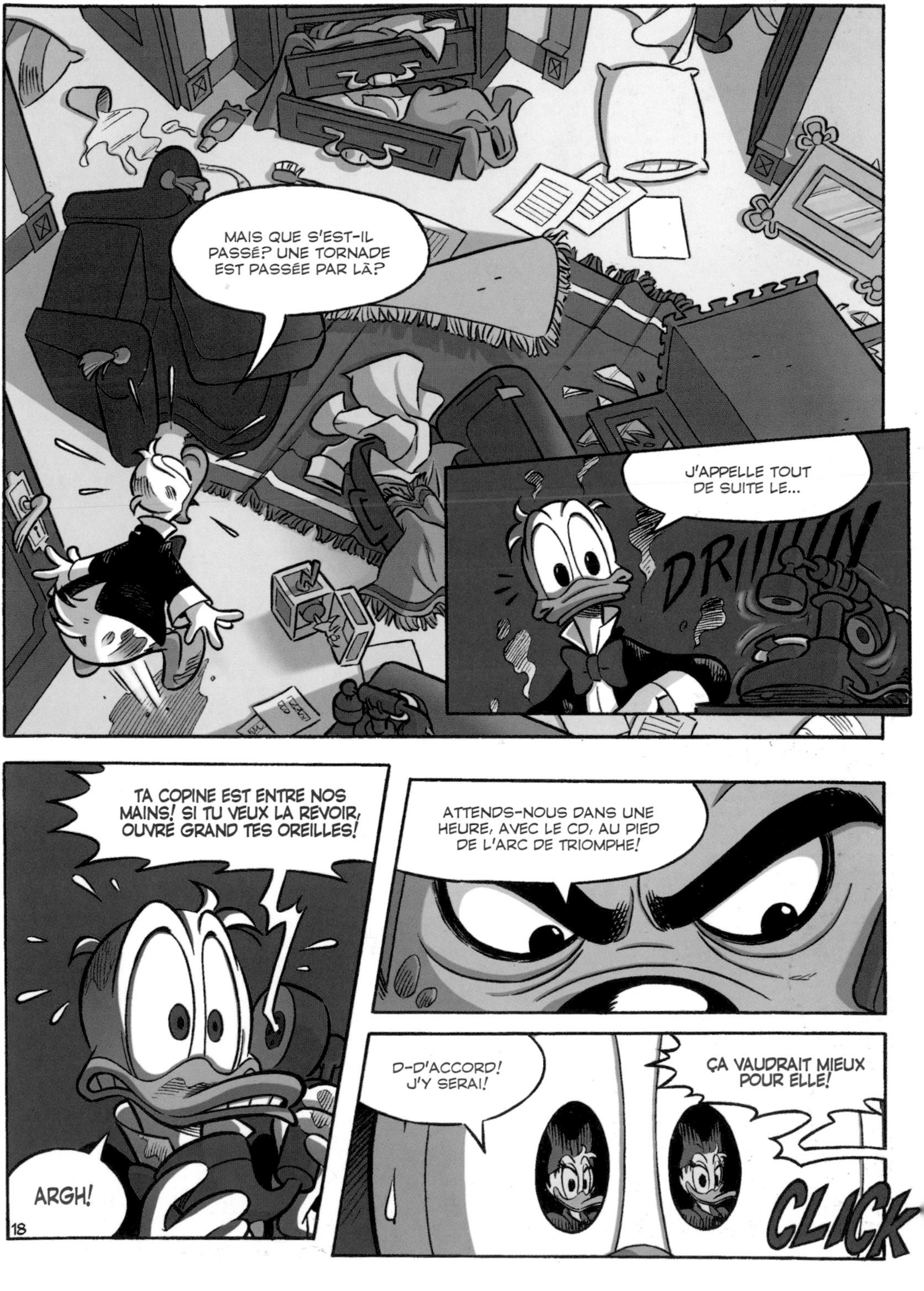

MAIS QUE S'EST-IL PASSÉ? UNE TORNADE EST PASSÉE PAR LÀ?

J'APPELLE TOUT DE SUITE LE...

DRIIIIIN

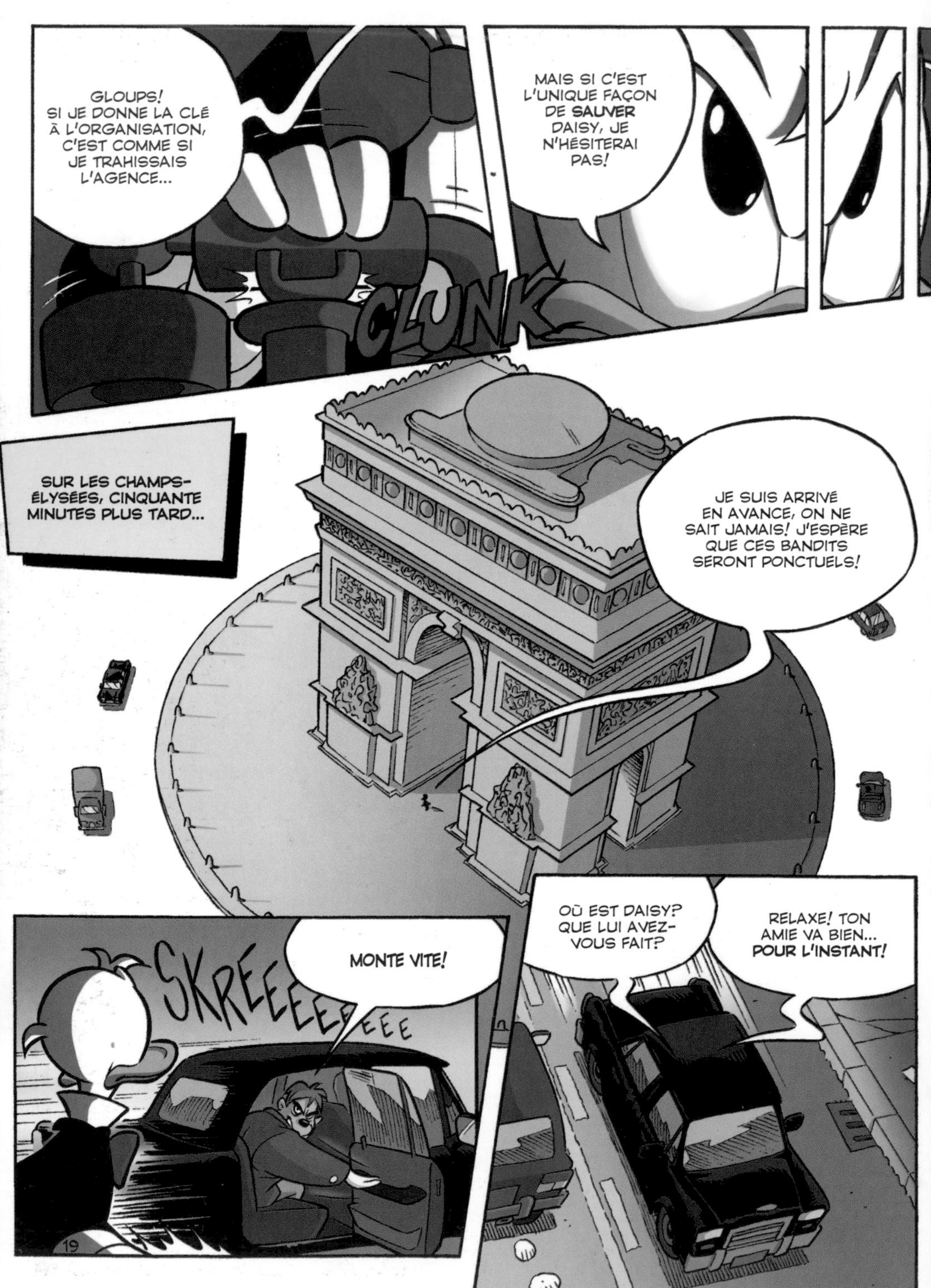
GLOUPS! SI JE DONNE LA CLÉ À L'ORGANISATION, C'EST COMME SI JE TRAHISSAIS L'AGENCE...
CLUNK
MAIS SI C'EST L'UNIQUE FAÇON DE **SAUVER** DAISY, JE N'HÉSITERAI PAS!
SUR LES CHAMPS-ÉLYSÉES, CINQUANTE MINUTES PLUS TARD...
JE SUIS ARRIVÉ EN AVANCE, ON NE SAIT JAMAIS! J'ESPÈRE QUE CES BANDITS SERONT PONCTUELS!
SKREEEEEEEEEE
MONTE VITE!
OÙ EST DAISY? QUE LUI AVEZ-VOUS FAIT?
RELAXE! TON AMIE VA BIEN... **POUR L'INSTANT!**
19

VOICI LA CLÉ!
ET QUI NOUS DIT QUE C'EST LA BONNE?
TU AURAIS PU REMPLACER LE CD!
JAMAIS JE NE METTRAIS LA VIE DE DAISY EN JEU!
JE TE CROIS, MAIS IL VAUT MIEUX VÉRIFIER QUAND MÊME!
EH, EH!
?
ATTENDEZ LÀ, ET À MON SIGNAL, FAITES COMME ON A DIT!
OK!
IL EST À L'ABRI DES REGARDS INDISCRETS! UN COIN IDÉAL ...
QUE SE PASSE-T-IL? POURQUOI M'AVOIR AMENÉ DANS CET ENDROIT?
VROOO

... POUR EXÉCUTER CERTAINES « TÂCHES »!
EH! VOUS AVIEZ DIT QUE...
TU DEVRAIS SAVOIR QU'ON **MENT TOUJOURS!**
DÈS QU'ON AURA CETTE CLÉ, C'EN SERA FINI...
TUDD
AOUTCH!
OURF!
KAY K ?
C'EST BON DE TE REVOIR, DOUBLE DUCK!
POURQUOI M'AS-TU SAUVÉ? TU TRAVAILLES POUR EUX MAINTENANT!
C'EST CE QUE TOUT LE MONDE **CROIT...**
21

EN RÉALITÉ, JE BOSSE POUR L'AGENCE.
HEIIIN?
ALORS TON ÉVASION...
C'ÉTAIT UNE MISE EN SCÈNE! IL FALLAIT QUE JE SOIS CRÉDIBLE AFIN DE POUVOIR M'INFILTRER!
LE GRAND PATRON EN PERSONNE A CONÇU L'OPÉRATION! LUI SEUL EST AU COURANT!
ALORS, MÊME MONSIEUR JAY J. IGNORE LA VÉRITÉ!
I W CHAMP
LE VOL DE LA CLÉ FAISAIT AUSSI PARTIE DU PLAN?
L'ORGANISATION M'A ORDONNÉ DE LA VOLER POUR ME METTRE À L'ÉPREUVE!
ENSUITE, J'AI FAIT EN SORTE QUE L'AGENT D-DAHLIA LA RÉCUPÈRE!
22

ET COMMENT LES BANDITS CONNAISSAIENT-ILS NOTRE LIEU DE RENDEZ-VOUS?
ILS L'IGNORAIENT! ILS T'ONT SUIVI POUR LE DÉCOUVRIR!
VROOÙM
JE M'EN SUIS RENDU COMPTE EN INTERCEPTANT UN APPEL!
ET TU ES VENUE ME SECOURIR AUSSITÔT!
IL FAUT SAUVER DAISY! OÙ ONT-ILS PU L'EMMENER?
ILS N'EN ONT PAS PARLÉ, MAIS JE PEUX LE DEVINER!
À LA BASE PARISIENNE DE L'ORGANISATION!
LE DISQUE DOIT S'Y TROUVER! ON VA LE RÉCUPÉRER ET LIBÉRER TA FIANCÉE PAR LA MÊME OCCASION.
CETTE VILLA EST UNE **FORTERESSE**! CE SERA DUR D'Y PÉNÉTRER!
23

AU CONTRAIRE! REGARDE UN PEU!
BIP
CLUNK
FRUSH
FRUSH
FRUSH
?
COMMENT ME TROUVES-TU?
OH! C'EST BIEN TOI?

COMMENT T'ES-TU TRANSFORMÉE SI VITE?
SECRET PROFESSIONNEL! JE TE LE RÉVÉLERAI UN JOUR...

SUIS-MOI! ON ENTRE EN SCÈNE!
EN SCÈNE? EXPLIQUE-TOI!

BIEN, TÂCHONS D'ENVOYER LE CONTENU DE CE DISQUE... TIENS, L'INTERPHONE!
TRRRRR
ON N'ATTEND PERSONNE...
24

PRENDS UN AIR EFFRAYÉ!
P... PAS BESOIN DE FAIRE SEMBLANT!
TRRRRR
GRAB

C'EST BRODSKJI! L'IDIOT EST AVEC LUI!

LES POISSONS ONT MORDU À L'HAMEÇON!
QUE VIENT-IL FAIRE ICI? LES ORDRES N'ONT JAMAIS PARLÉ DE ÇA!

MÈNE-MOI AU **PATRON**! JE DOIS LUI PARLER!
JE CROYAIS QUE... « **TOUSSE!** »
FAIS DODO, MON PETIT!
PFFFT

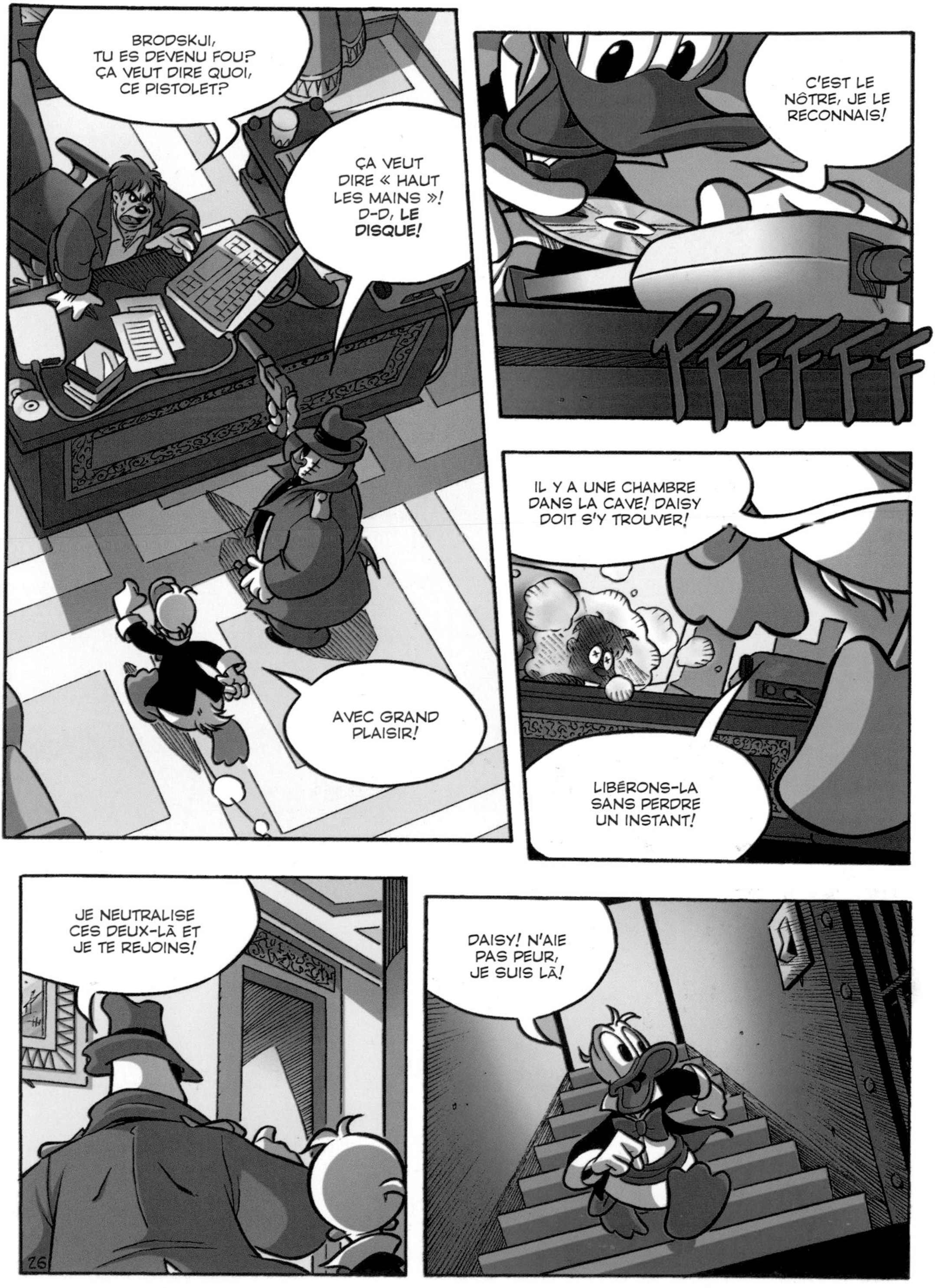

BRODSKJI, TU ES DEVENU FOU? ÇA VEUT DIRE QUOI, CE PISTOLET?

ÇA VEUT DIRE « HAUT LES MAINS »! D-D, **LE DISQUE!**

AVEC GRAND PLAISIR!

C'EST LE NÔTRE, JE LE RECONNAIS!

PFFFFF

IL Y A UNE CHAMBRE DANS LA CAVE! DAISY DOIT S'Y TROUVER!

LIBÉRONS-LA SANS PERDRE UN INSTANT!

DOUBLE DUCK?
D-DAHLIA? OÙ EST DAISY?

LA FEMME? JE NE L'AI PAS VUE!
OH, NON! ILS L'ONT EMMENÉE AILLEURS!

GLOUPS! KAY K EST PARTIE!
QUI EST PARTI?
HUM... PERSONNE! FILONS!

J'AI INTÉRÊT À DISPARAÎTRE QUELQUE TEMPS, MOI! JE TE SOUHAITE BONNE CHANCE!
ATTENDS, NE ME...

IL M'ABANDONNE AUSSI!

JE FAIS QUOI MAINTENANT?

« L'UNIQUE CHOSE À FAIRE EST REGAGNER L'HÔTEL ET METTRE DE L'ORDRE DANS MES IDÉES! »
Lutetia
EST-CE QUE L'ORGANISATION A D'AUTRES BASES À PARIS? JE POURRAIS DEMANDER ÇA À MONSIEUR JAY J.!

DAISY? MAIS COMMENT AS-TU...
TU AS RAISON, JE SUIS DÉSOLÉE, DONALD! J'AURAIS DÛ T'ATTENDRE AU MARCHÉ!

JE SUIS ALLÉE ME PROMENER ET PAS MOYEN DE TE RETROUVER APRÈS! ALORS J'AI DÉCIDÉ DE RENTRER!
MAIS QUAND? IL Y A TROIS HEURES, TU N'ÉTAIS PAS LÀ!

SI, J'ÉTAIS LÀ! À L'INSTITUT DE BEAUTÉ DE L'HÔTEL!
?!
28

« JE PROFITAIS D'UN TRAITEMENT SPÉCIAL BIEN-ÊTRE, OFFERT PAR LA DIRECTION! »

MAIS ILS VONT M'ENTENDRE! ILS ONT LAISSÉ NOTRE SUITE DANS UN DE CES ÉTATS!
LE TRAITEMENT, C'ÉTAIT POUR OCCUPER DAISY...
TAK
TAK

ET ILS ONT SACCAGÉ LA SUITE, AFIN QUE JE CROIE À UN ENLÈV... OUPS!
JE VOIS QUE TA COPINE SE PORTE BIEN!

GROUMF! AVANT DE FILER, TU AURAIS PU ME PRÉVENIR!
NE TE FÂCHE PAS, J'AVAIS DES CHOSES URGENTES À FAIRE!

COMME FAIRE CROIRE À MES « ASSOCIÉS » QUE VOUS AVIEZ DÉJÀ QUITTÉ LA FRANCE!

29

TU VEUX DIRE QUE NOUS SOMMES TRANQUILLES? OUF!

NE TE RÉJOUIS PAS! J'AI DÉCOUVERT QUE QUELQU'UN CHERCHAIT À T'ÉLIMINER!

ET TU SAIS QUI?
NON, MAIS C'EST LIÉ À TA **PREMIÈRE MISSION**!
CELLE DES **TROIS JOURS** QUI ONT ÉTÉ EFFACÉS DE MA MÉMOIRE?
OUI! HÉLAS JE NE PEUX T'EN DIRE PLUS!
À BIENTÔT, D-D! FAIS ATTENTION À TOI!
JE FERAI DE MON MIEUX...
SOUVIENS-TOI : **PERSONNE** NE DOIT SAVOIR QUE JE T'AI AIDÉ!
NE T'INQUIÈTE PAS, **PERSONNE** NE LE SAURA!
LE PROBLÈME EST RÉGLÉ! UNE FEMME DE CHAMBRE VA VENIR REMETTRE DE L'ORDRE!
HEIN? AH... PARFAIT, J'EN SUIS RAVI!
30
QUEL DOMMAGE! DIRE QU'ON RENTRE DÉJÀ DEMAIN!
OUI, C'EST VRAIMENT DOMMAGE!

LE LENDEMAIN...

MISSION ACCOMPLIE, CHEF! VOICI LE DISQUE QUE J'AI RÉCUPÉRÉ!
EXCELLENT TRAVAIL, DOUBLE DUCK! JE **SAVAIS** QUE JE POUVAIS COMPTER SUR TOI!

JE VAIS TE MONTRER CE QU'IL CONTIENT!
OUI, JE SUIS CURIEUX DE VOIR CETTE FAMEUSE CLÉ!

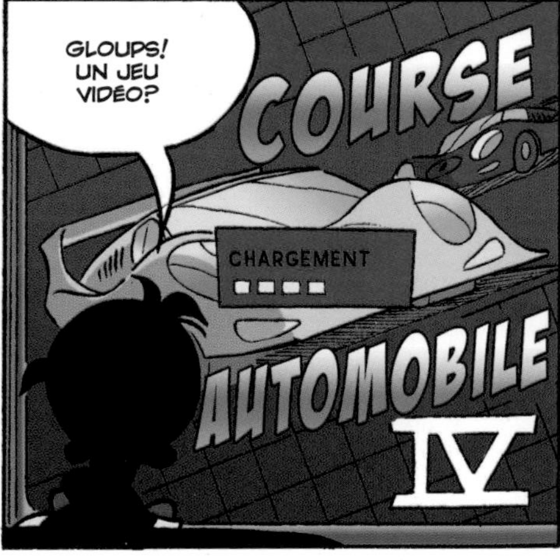
GLOUPS! UN JEU VIDÉO?
COURSE
CHARGEMENT
AUTOMOBILE
IV

EH OUI! LA CLÉ UNIVERSELLE SE TROUVE LÀ-DEDANS!
LA BOÎTE À MUSIQUE DE DAISY?
31

COMMENT L'AVEZ-VOUS EUE?
ON L'A **PRISE** DANS VOTRE VALISE À L'AÉROPORT ET ON L'A REMPLACÉE PAR UNE AUTRE!

CRAIGNANT QUE L'ORGANISATION NE S'EN PRENNE À TOI, ON A ORGANISÉ UN **FAUX** ÉCHANGE!
LE CD, C'ÉTAIT DE LA POUDRE AUX YEUX?
OUI! LE CODE BINAIRE AVAIT ÉTÉ CONFIÉ À DAISY, À SON INSU!
IL EST LIÉ À LA **MUSIQUE** CONTENUE DANS CETTE BOÎTE!
TLIN-TIN
DIN
MAIS GIZMO VA NOUS L'EXTRAIRE AVEC LE MATÉRIEL ADAPTÉ!
JE M'EN OCCUPE!
EN SOMME, VOUS M'AVEZ MANŒUVRÉ COMME UN PANTIN! C'EST BIEN ÇA?
POUR QUE LE PLAN RÉUSSISSE, TU NE DEVAIS ÊTRE AU COURANT DE RIEN!
32

EN LIBÉRANT D-DAHLIA, AS-TU REMARQUÉ QUELQUE CHOSE DE **SPÉCIAL**?
NON, POURQUOI CETTE QUESTION?

HIER, LES **FONDS** PARISIENS DE L'ORGANISATION QUI MONTAIENT À **SEPT MILLIONS** ONT ÉTÉ **DÉROBÉS**!

ILS ÉTAIENT DANS UN COFFRE-FORT! NOUS L'AVONS APPRIS DE SOURCE SÛRE!
JE N'AI RIEN VU. DÉSOLÉ!

D'ACCORD, TU PEUX Y ALLER! VA TE REPOSER, TU L'AS BIEN MÉRITÉ!
J'ENTENDS DÉJÀ L'APPEL DE MON **HAMAC**, CHEF!

C'EST KAY K QUI A VOLÉ CET ARGENT! J'EN SUIS SÛR!
33

« JE ME RAPPELLE, LE COFFRE ÉTAIT VIDE APRÈS SON DÉPART! »

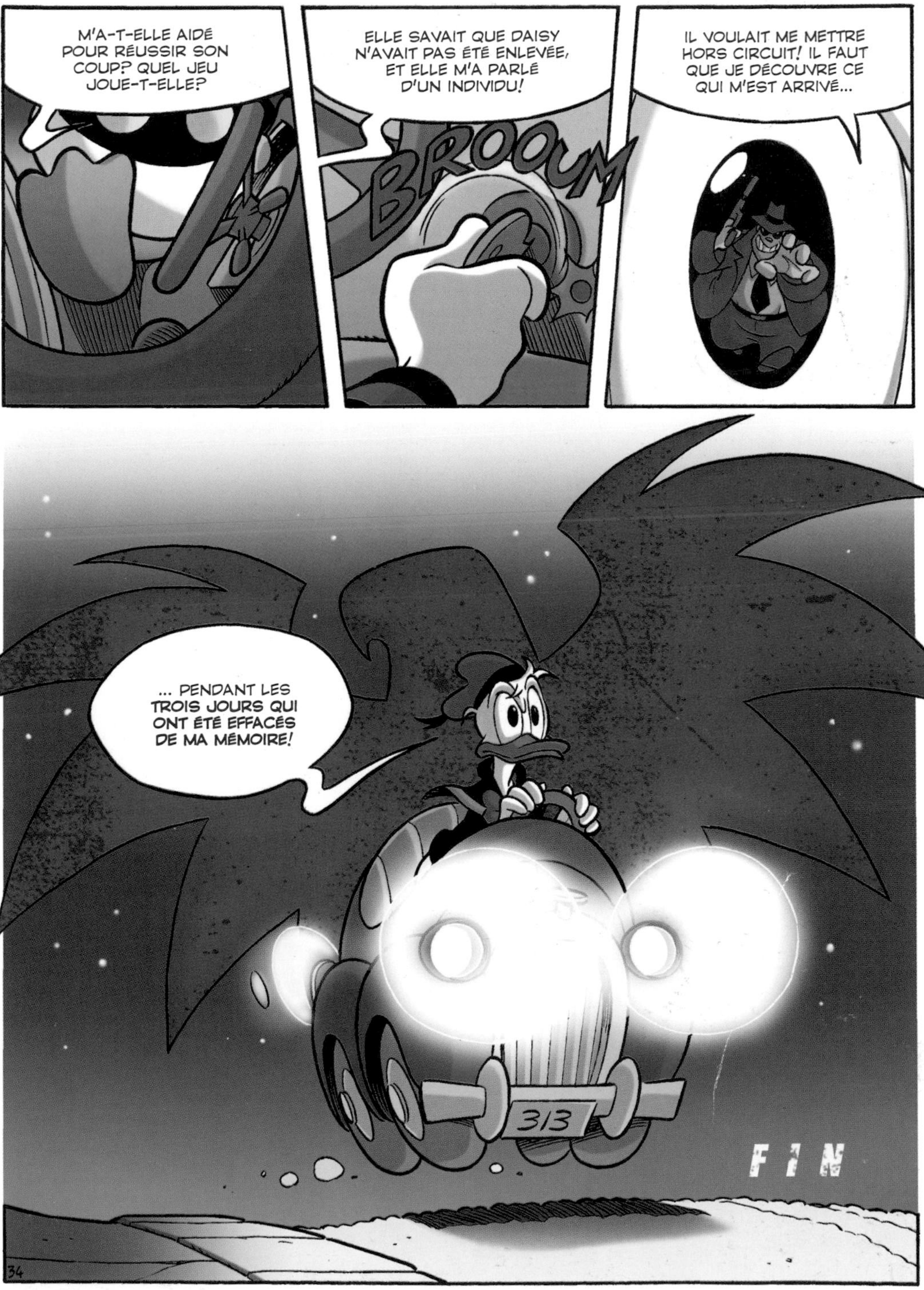

M'A-T-ELLE AIDÉ POUR RÉUSSIR SON COUP? QUEL JEU JOUE-T-ELLE?

ELLE SAVAIT QUE DAISY N'AVAIT PAS ÉTÉ ENLEVÉE, ET ELLE M'A PARLÉ D'UN INDIVIDU!

BROOOUM

IL VOULAIT ME METTRE HORS CIRCUIT! IL FAUT QUE JE DÉCOUVRE CE QUI M'EST ARRIVÉ...

... PENDANT LES TROIS JOURS QUI ONT ÉTÉ EFFACÉS DE MA MÉMOIRE!

313

FIN

34

Walt Disney

DOUBLE DUCK

DESTRUCTION TOTALE

OUI,
C'EST LUI!
VROOOM

C'EST
BIEN LUI!

SALUT, COUSIN.
QUELLE COÏNCIDENCE,
J'ALLAIS JUSTEMENT
CHEZ TOI.
?

JE VOULAIS TE
MONTRER LA CANARARRI
FLAMBANT NEUVE QUE
J'AI GAGNÉE À
UN CONCOURS!
HEIN? OH...
TA VOITURE...
PAS MAL...
OFFRE
313

CE N'EST PAS
TOUT! J'AI
GAGNÉ...

EXCUSE-MOI,
JE DOIS Y
ALLER!
PREMIÈRE
CLASSE
313

... UN FABULEUX VOYAGE...
VROOM

PFF! SI DONALD NE DEVIENT MÊME PLUS VERT DE JALOUSIE, À QUOI ÇA SERT DE FRIMER?

GONTRAN EST GENTIL, MAIS J'AI D'AUTRES CHOSES EN TÊTE. LES PLUMES DE DOUBLE DUCK SONT EN JEU, AUTREMENT DIT, LES MIENNES!
DONALD

« QUELQU'UN CHERCHE À T'ÉLIMINER! » M'A DIT KAY K À PARIS!

MAIS QUI EST CE « QUELQU'UN », JE SAIS JUSTE...

... QUE C'EST LIÉ À MA PREMIÈRE MISSION! CES TROIS JOURS EFFACÉS DE MA MÉMOIRE...
MAIS JE COMPTE BIEN REMPLIR CE VIDE...
... ET J'AI UNE IDÉE SUR LA FAÇON DE M'Y PRENDRE!
DONALD
AU Q.G. DE L'AGENCE...
QUOI, D-D? TU DÉSIRES EXAMINER LE CONTRAT DE TRAVAIL DE NOS AGENTS SECRETS?
OUI, LIZ! J'AI LE DROIT D'ACCÉDER À CES INFORMATIONS!
313

JE VEUX TOUT SAVOIR SUR LES CONGÉS, LA MUTUELLE, LA RETRAITE...
TRÈS BIEN! SI TU Y TIENS...

ATTENDS ICI. JE VAIS M'INFORMER AUPRÈS DE LA D.R.H.
MERCI BEAUCOUP, LIZ!

JE N'EN REVIENS PAS, ÇA A MARCHÉ!

VITE! UN ORDINATEUR POUR ACCÉDER À LA BASE DE DONNÉES CENTRALE!

EN VOICI UN! À L'ÉCART ET SANS SURVEILLANCE!

JE VAIS REVOIR TOUTES LES OPÉRATIONS QUI... ARGH!
DOUBLE DUCK!

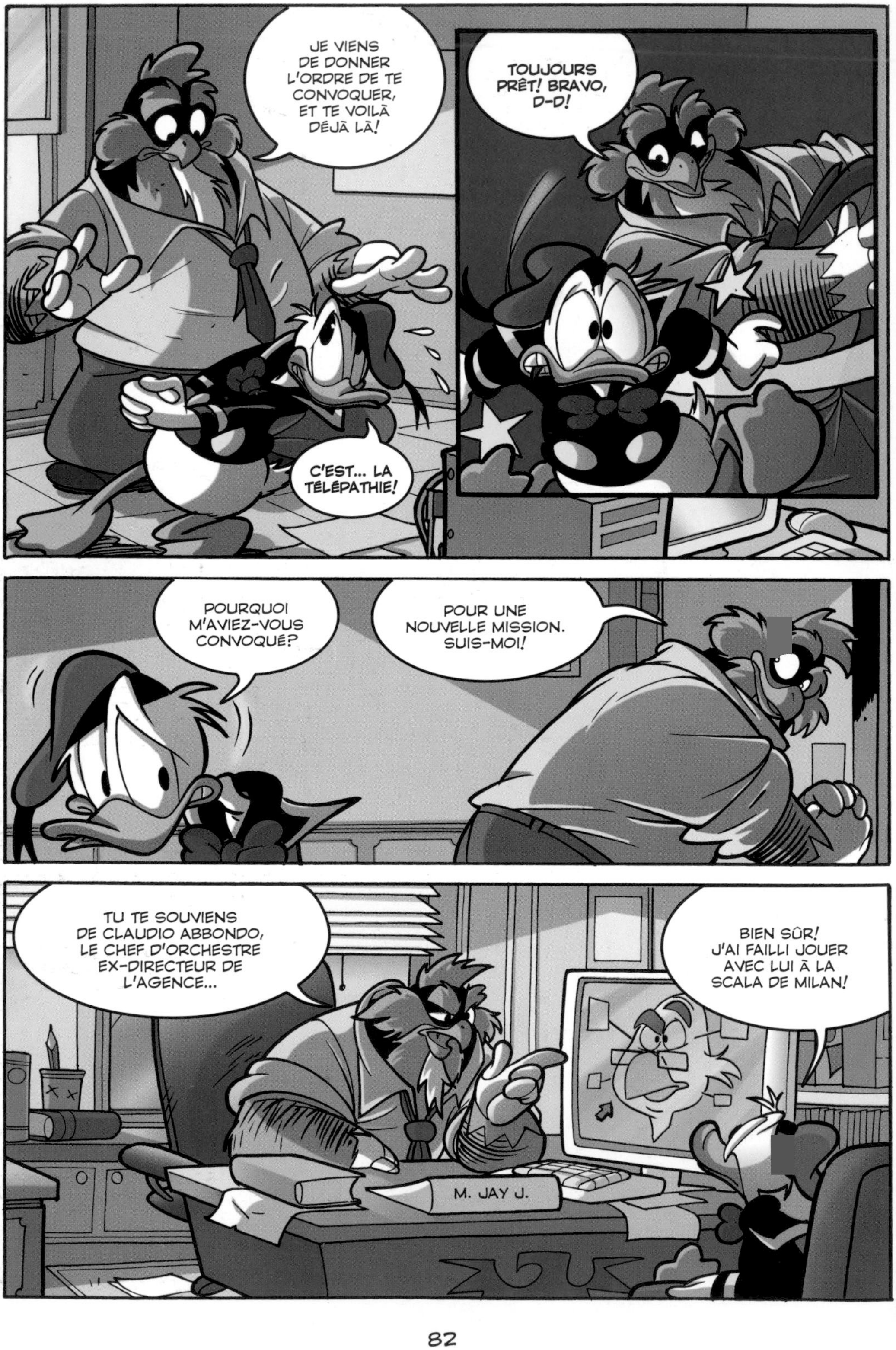

JE VIENS DE DONNER L'ORDRE DE TE CONVOQUER, ET TE VOILÀ DÉJÀ LÀ!

C'EST... LA TÉLÉPATHIE!

TOUJOURS PRÊT! BRAVO, D-D!

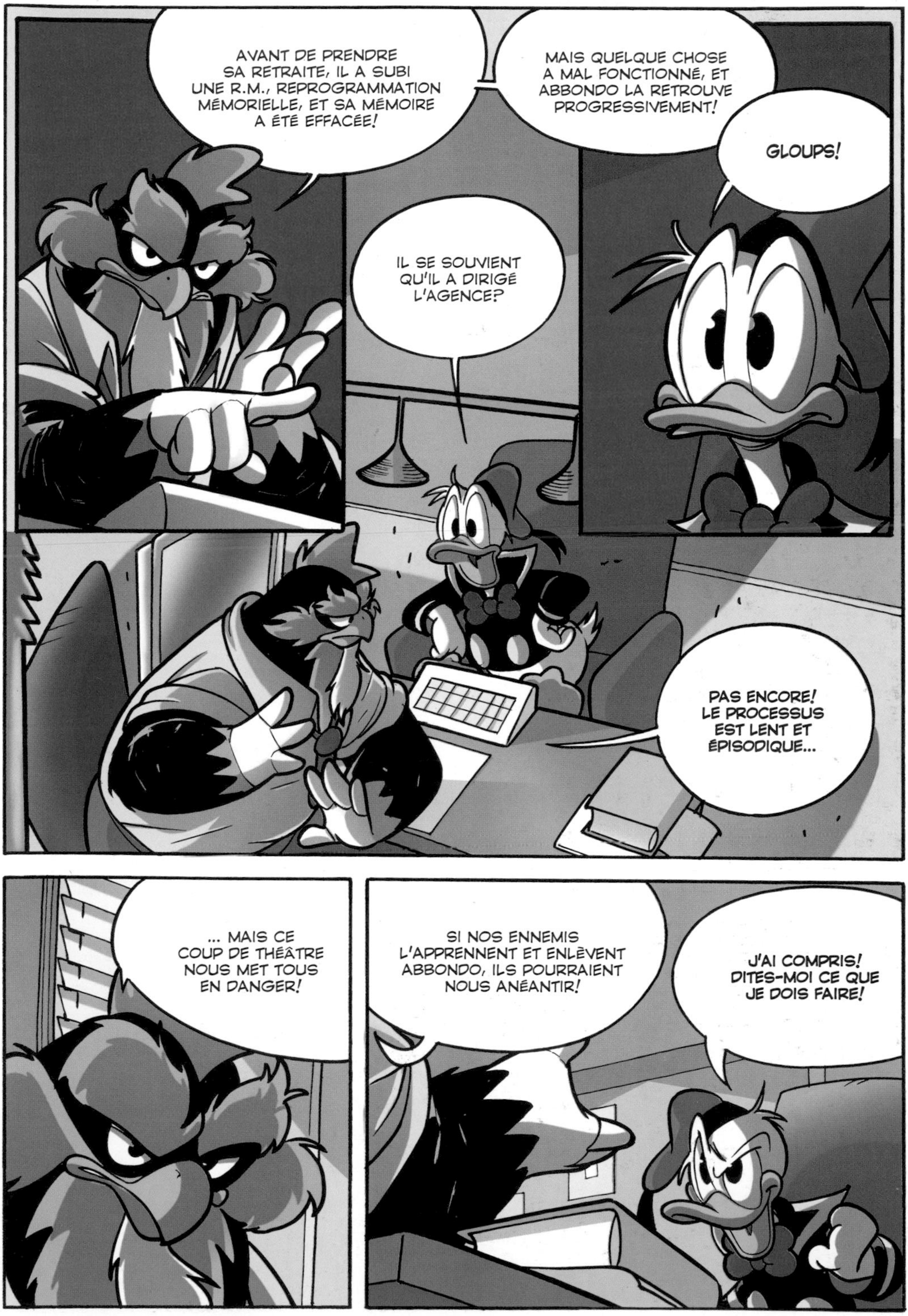

AVANT DE PRENDRE SA RETRAITE, IL A SUBI UNE R.M., REPROGRAMMATION MÉMORIELLE, ET SA MÉMOIRE A ÉTÉ EFFACÉE!

MAIS QUELQUE CHOSE A MAL FONCTIONNÉ, ET ABBONDO LA RETROUVE PROGRESSIVEMENT!

GLOUPS!

IL SE SOUVIENT QU'IL A DIRIGÉ L'AGENCE?

PAS ENCORE! LE PROCESSUS EST LENT ET ÉPISODIQUE...

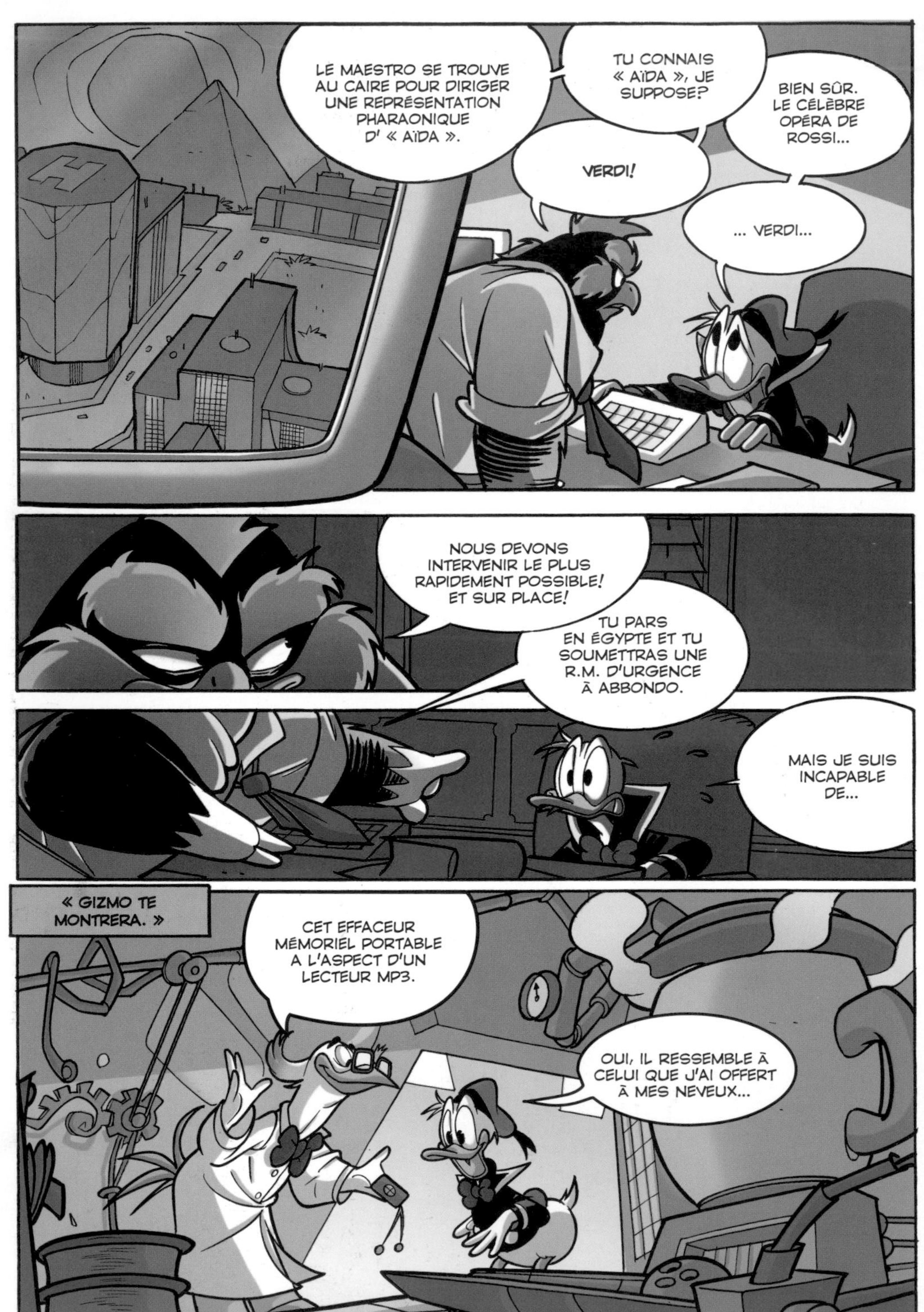
LE MAESTRO SE TROUVE AU CAIRE POUR DIRIGER UNE REPRÉSENTATION PHARAONIQUE D' « AÏDA ».
TU CONNAIS « AÏDA », JE SUPPOSE?
BIEN SÛR. LE CÉLÈBRE OPÉRA DE ROSSI...
VERDI!
... VERDI...
NOUS DEVONS INTERVENIR LE PLUS RAPIDEMENT POSSIBLE! ET SUR PLACE!
TU PARS EN ÉGYPTE ET TU SOUMETTRAS UNE R.M. D'URGENCE À ABBONDO.
MAIS JE SUIS INCAPABLE DE...
« GIZMO TE MONTRERA. »
CET EFFACEUR MÉMORIEL PORTABLE A L'ASPECT D'UN LECTEUR MP3.
OUI, IL RESSEMBLE À CELUI QUE J'AI OFFERT À MES NEVEUX...

IL EST PROGRAMMÉ POUR UNE ACTION SÉLECTIVE! ABBONDO NE SE RAPPELLERA PLUS SON PASSÉ D'AGENT SECRET!
IL TE SUFFIRA DE LUI METTRE CES ÉCOUTEURS ET D'ALLUMER L'APPAREIL ENSUITE...
... LA R.M. SE DÉCLENCHERA TRÈS VITE APRÈS, JE PARIE! J'AI TOUT COMPRIS!
LE LENDEMAIN!
LE CÉLÈBRE OPÉRA DU CAIRE! DE PRÈS, IL EST ENCORE PLUS MAJESTUEUX!
TAXI
MAINTENANT, IL S'AGIT D'Y PÉNÉTRER! VOYONS...
ENTRÉE DES ARTISTES
HÉ! HÉ! PROBLÈME RÉSOLU!
ON RECHERCHE FIGURANTS

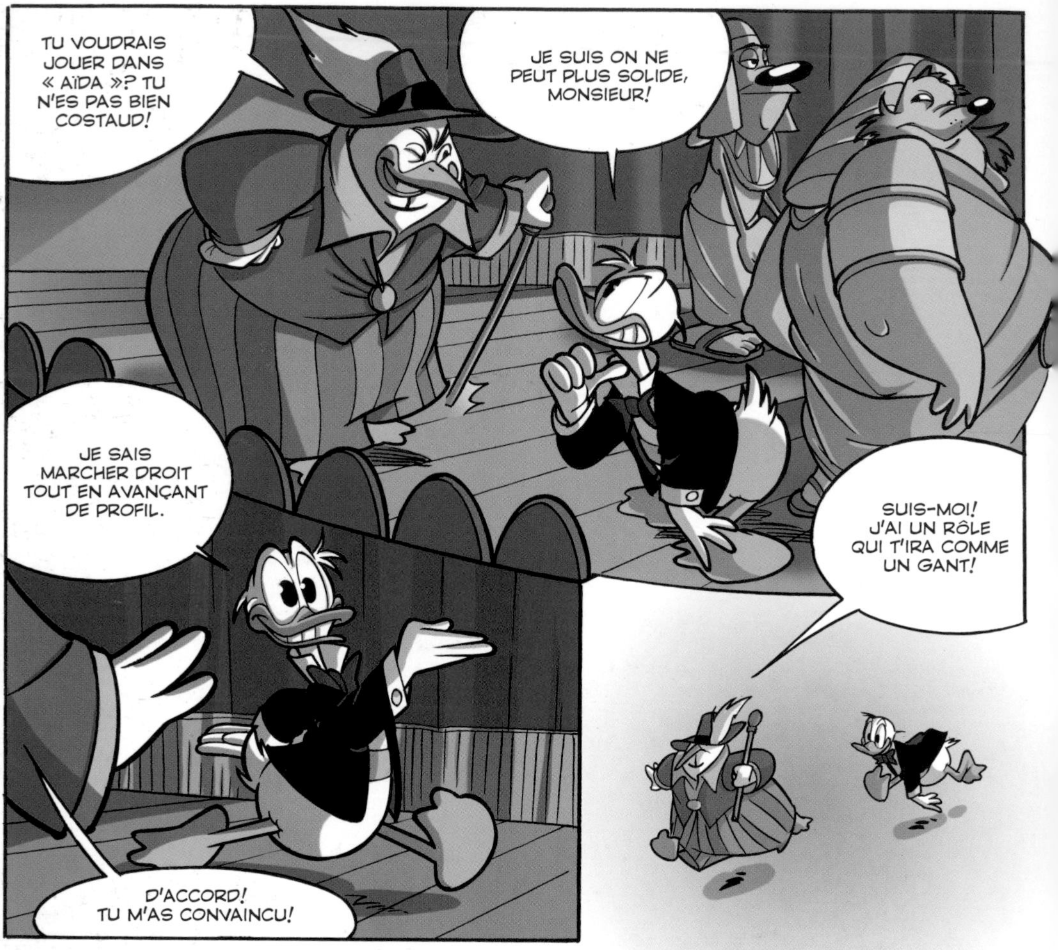

TU VOUDRAIS JOUER DANS « AÏDA »? TU N'ES PAS BIEN COSTAUD!
JE SUIS ON NE PEUT PLUS SOLIDE, MONSIEUR!
JE SAIS MARCHER DROIT TOUT EN AVANÇANT DE PROFIL.
D'ACCORD! TU M'AS CONVAINCU!
SUIS-MOI! J'AI UN RÔLE QUI T'IRA COMME UN GANT!

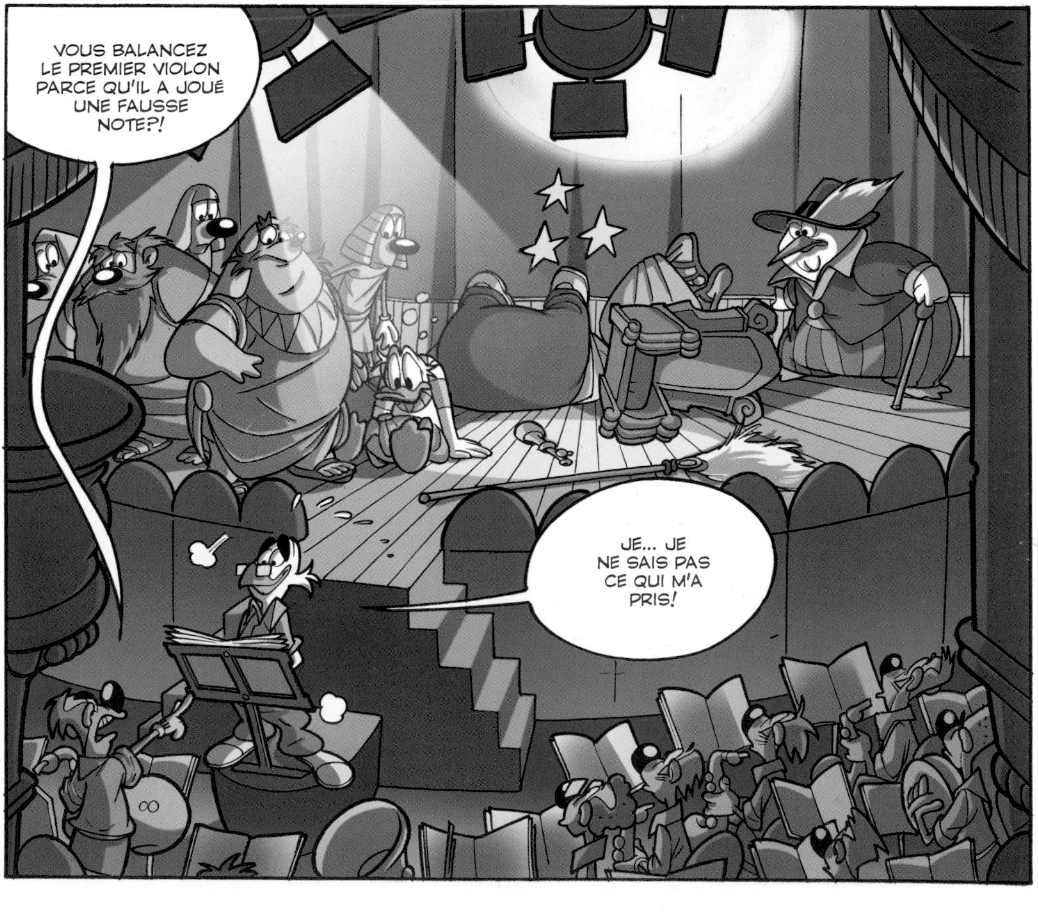

VOUS BALANCEZ LE PREMIER VIOLON PARCE QU'IL A JOUÉ UNE FAUSSE NOTE?!

JE... JE NE SAIS PAS CE QUI M'A PRIS!

RIEN DE CASSÉ?
NON, MAIS J'AI MAL!

VOUS SENTEZ-VOUS BIEN, MAESTRO?
JE... CROIS QUE NON... ON VA ARRÊTER LA RÉPÉTITION.

COMMENT AVEZ-VOUS PU LANCER CE VIOLONISTE SUR LA SCÈNE?
AVEC UNE PRISE DE JU-JITSU. BIZARRE...

JE N'AI JAMAIS PRATIQUÉ LE JU-JITSU!
ON NE LE CROIRAIT PAS EN VOUS VOYANT, MAESTRO!

PARFOIS, J'AI L'IMPRESSION D'ÊTRE UNE AUTRE PERSONNE...
C'EST SANS DOUTE LE STRESS. PRENEZ DONC UN JOUR DE REPOS!

FAITES UNE VIRÉE TOURISTIQUE EN VILLE!
OUI, VOUS AVEZ RAISON, UN PEU D'AIR FRAIS ME FERA DU BIEN.

IL VA DANS SA CHAMBRE. PROFITONS-EN!

J'ENTRE AVEC UN PRÉTEXTE BIDON ET JE L'ATTRAPE PAR SURPRISE!

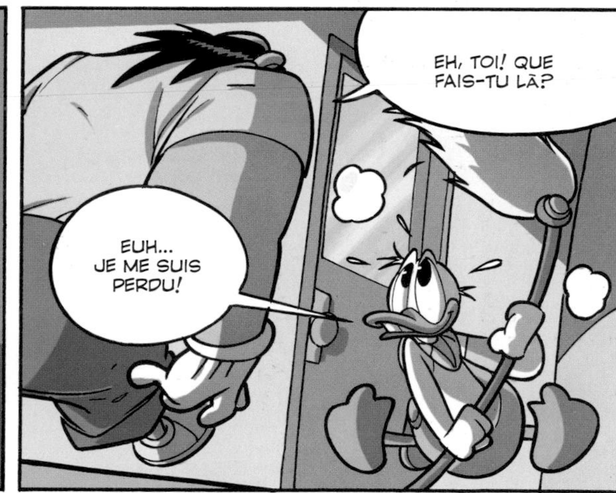
EH, TOI! QUE FAIS-TU LÀ?
EUH... JE ME SUIS PERDU!

REMETS IMMÉDIATEMENT CE COSTUME LÀ OÙ IL DOIT ÊTRE!
J'Y VAIS, J'Y VAIS! NE VOUS FÂCHEZ PAS!
STaff

IL NE MANQUAIT PLUS QUE CE TROUBLE-FÊTE! JE DOIS ME DÉPÊCHER, SINON ABBONDO VA M'ÉCHAPPER!

VESTIAIRE
IGURANTS
SORTIE
TROP TARD! LE VOILÀ QUI S'EN VA!
JE LE PRENDRAI EN FILATURE ET J'ATTENDRAI QUE L'OCCASION SE PRÉSENTE...
TAXI
EMMENEZ-MOI VISITEZ LES PYRAMIDES!
BIEN, MAESTRO.
SUIVEZ CETTE VOITURE!
J'AI TOUJOURS RÊVÉ DE FAIRE ÇA!
TAXI
VROOM

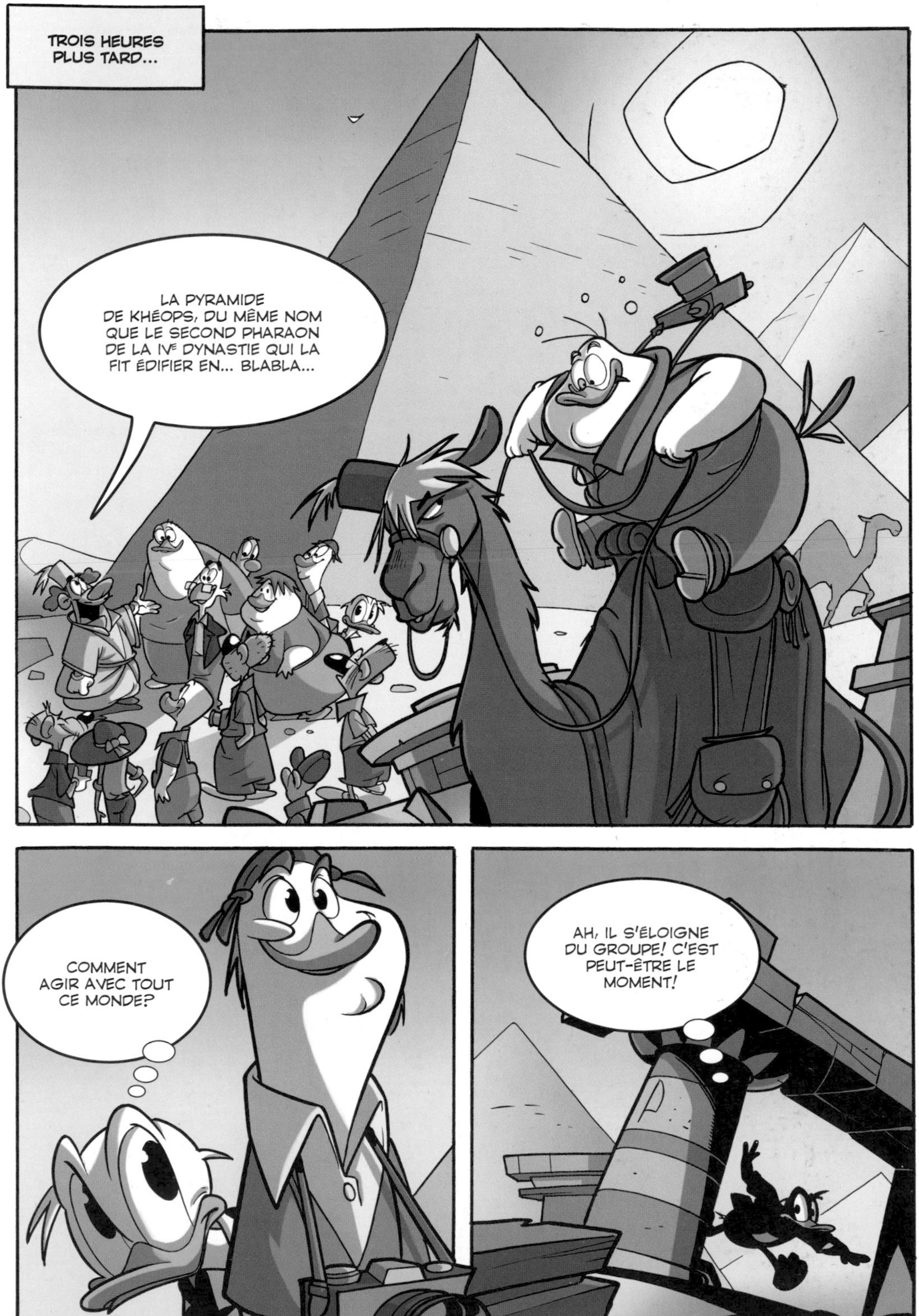

TROIS HEURES PLUS TARD...

LA PYRAMIDE DE KHÉOPS, DU MÊME NOM QUE LE SECOND PHARAON DE LA IVe DYNASTIE QUI LA FIT ÉDIFIER EN... BLABLA...

L'EFFACEUR EST PRÊT... OH! JE N'AIME PAS CE GARS ARMÉ!
OUPS! C'EST BIEN MOI QU'IL VISE!
ZIIIIIING
ZIII
IIING

C'ÉTAIT LIMITE... GONTRAN! TOI ICI?
ONCLE PICSOU T'A ENVOYÉ ICI POUR ACCOMPLIR JE NE SAIS QUELLE CORVÉE, PAS VRAI?
MOI, JE VOYAGE EN PREMIÈRE...
REVOILÀ ABBONDO!

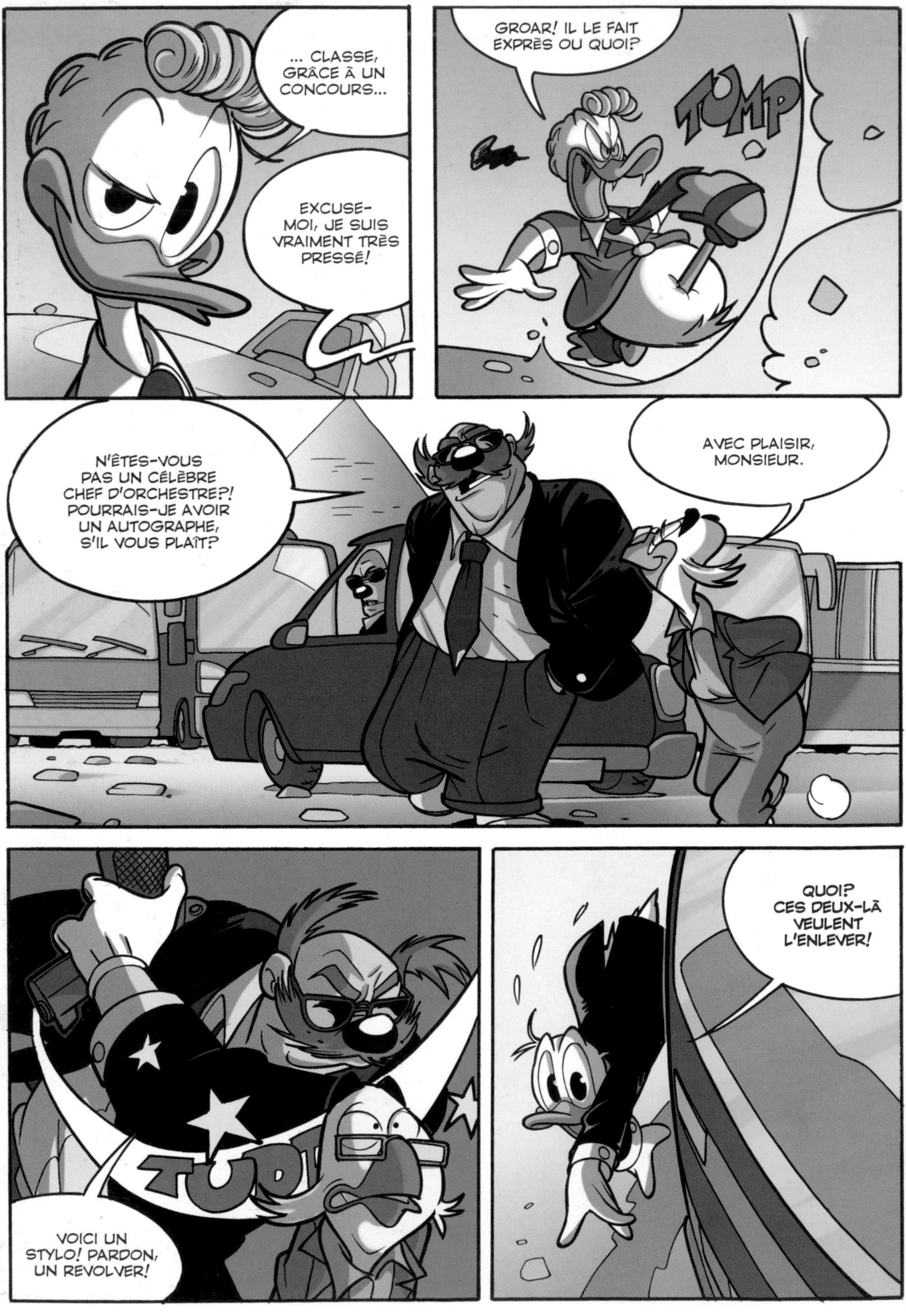

... CLASSE, GRÂCE À UN CONCOURS...

EXCUSE-MOI, JE SUIS VRAIMENT TRÈS PRESSÉ!

GROAR! IL LE FAIT EXPRÈS OU QUOI?

TUMP

N'ÊTES-VOUS PAS UN CÉLÈBRE CHEF D'ORCHESTRE?! POURRAIS-JE AVOIR UN AUTOGRAPHE, S'IL VOUS PLAÎT?

AVEC PLAISIR, MONSIEUR.

CE DOIT ÊTRE LES COMPLICES DU TIREUR! TAXI!
VROOOM
SUIVEZ CETTE VOITURE!
TAXi
ENCORE VOUS! CHOUETTE ALORS!
ET...
JE NE CONNAIS PAS CE QUARTIER...
C'EST KHAN AL-KHALILI, LE GRAND BAZAR DU CAIRE.
ATTENTION! ILS TOURNENT À DROITE!
JE DESCENDS! GARDEZ LA MONNAIE!

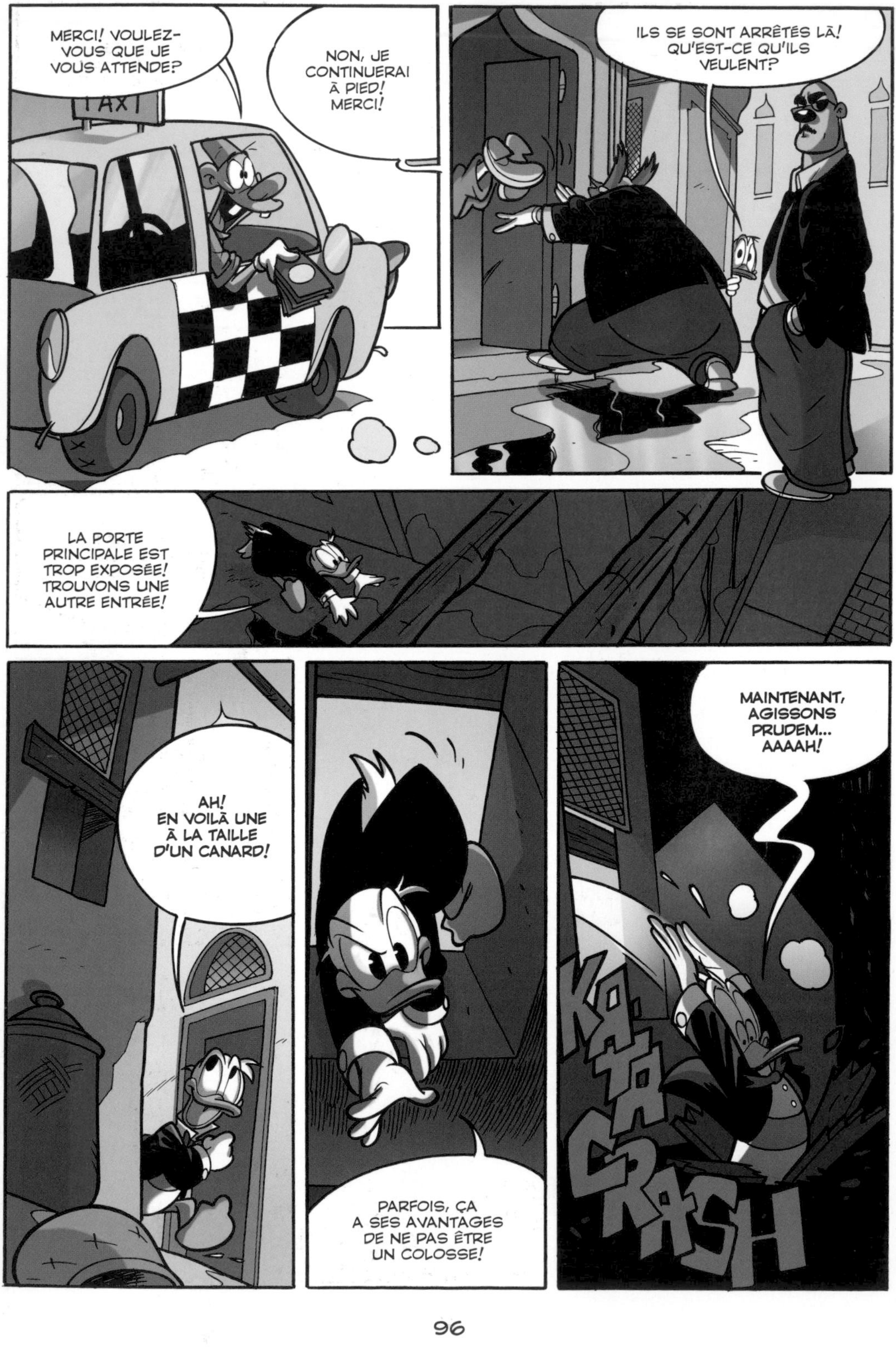

MERCI! VOULEZ-VOUS QUE JE VOUS ATTENDE?

NON, JE CONTINUERAI À PIED! MERCI!

ILS SE SONT ARRÊTÉS LÀ! QU'EST-CE QU'ILS VEULENT?

LA PORTE PRINCIPALE EST TROP EXPOSÉE! TROUVONS UNE AUTRE ENTRÉE!

ET LUI, EST-CE QUE
TU LE CONNAIS?
C'EST UN DES
FIGURANTS D'« AÏDA »!
JE L'AI VU CE MATIN
AUX RÉPÉTITIONS!
ET... C'ÉTAIT LE
JOUEUR DE TRIANGLE
À LA SCALA!?
JE VOIS!
ET SANS DOUTE
AUSSI...
... UN DE CES
AUTRES FOUINEURS
DE L'AGENCE!
JANA
SMIRNOV!
TU...
TU ES...
JE VOIS
QUE TU NE M'AS
PAS OUBLIÉE,
DIRECTEUR!
JE SUIS VIVANTE, OUI!
ET DÉTERMINÉE À ME
VENGER DE TOI!

ALORS, VOUS VOUS SOUVENEZ DE TOUT?
HÉLAS! LE COUP SUR LA TÊTE A DÛ DÉBLOQUER MA MÉMOIRE!
LORSQUE JE DIRIGEAIS L'AGENCE, JANA SMIRNOV ÉTAIT MON MEILLEUR AGENT.
J'AVAIS UNE CONFIANCE AVEUGLE EN ELLE! JE LUI CONFIAIS LES MISSIONS LES PLUS DÉLICATES!
ET LES PLUS DANGEREUSES AUSSI! ET POURTANT, VOUS M'AVEZ TRAHIE!
C'EST FAUX! TU CONNAISSAIS LES RÈGLES!
S'IL TE RESTE UN SEMBLANT DE DÉCENCE, TAIS-TOI!
JE N'OUBLIERAI JAMAIS CETTE NUIT GLACIALE!

« NOS ENNEMIS ÉTAIENT À MES TROUSSES. L'HÉLICOPTÈRE ÉTAIT MON SEUL SALUT! TU DEVAIS M'ATTENDRE... »
« ET AU LIEU DE ÇA, TU M'AS LÂCHEMENT ABANDONNÉE! »
JE N'AVAIS PAS LE CHOIX! TERMINER LA MISSION ÉTAIT PRIORITAIRE!
ET TANT PIS SI J'ÉTAIS PERDUE?
« MAIS TU VOIS, J'AI RÉUSSI À LEUR ÉCHAPPER! »
« JE SUIS MÊME PASSÉE DANS LEUR CAMP! J'AI COMMENCÉ PAR VENDRE DES INFORMATIONS... »
TOP SECRET
T FILE

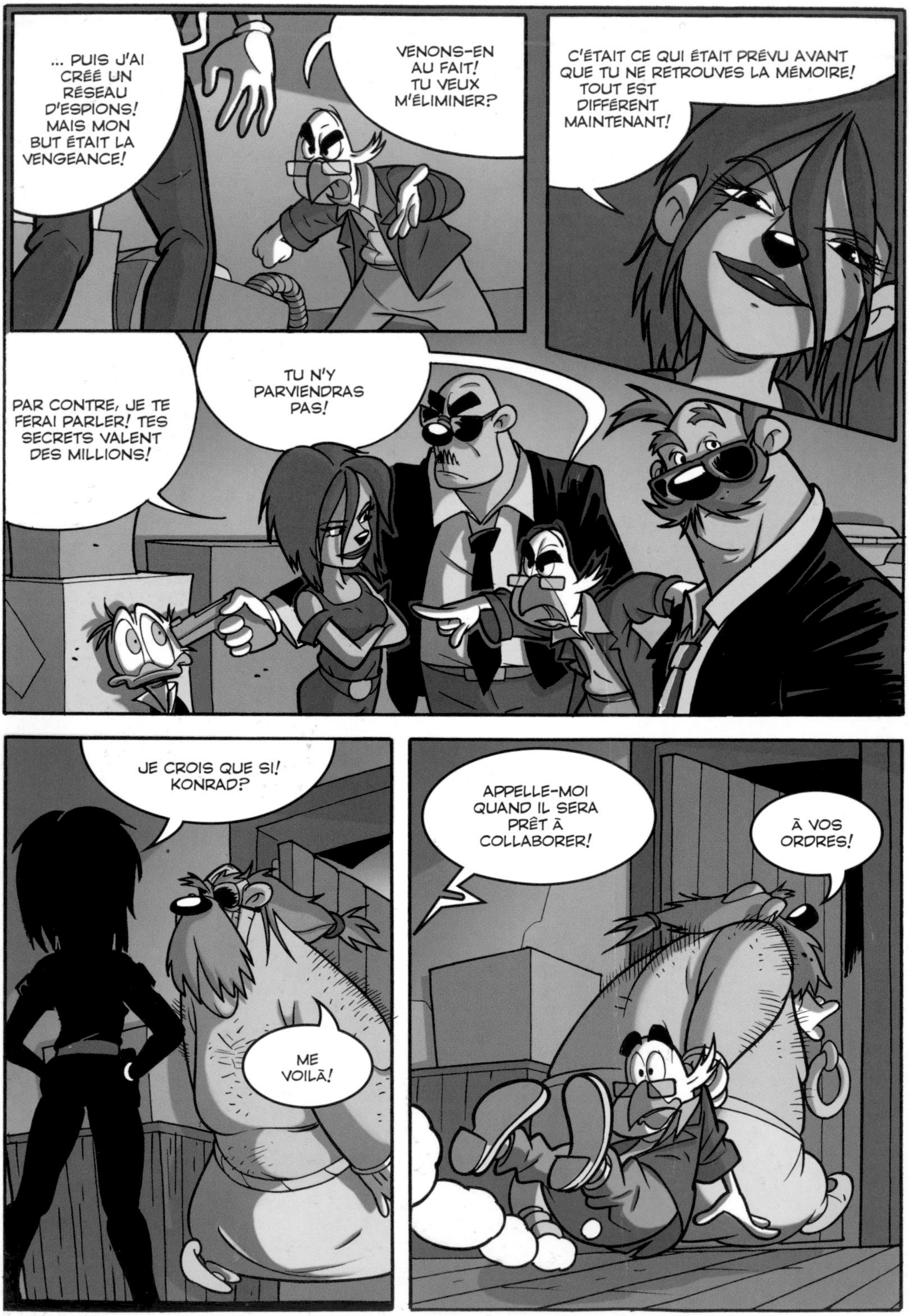

... PUIS J'AI CRÉÉ UN RÉSEAU D'ESPIONS! MAIS MON BUT ÉTAIT LA VENGEANCE!

VENONS-EN AU FAIT! TU VEUX M'ÉLIMINER?

C'ÉTAIT CE QUI ÉTAIT PRÉVU AVANT QUE TU NE RETROUVES LA MÉMOIRE! TOUT EST DIFFÉRENT MAINTENANT!

PAR CONTRE, JE TE FERAI PARLER! TES SECRETS VALENT DES MILLIONS!

TU N'Y PARVIENDRAS PAS!

ET LE CANARD?
AH OUI, LE CANARD! OCCUPE-T'EN ET REJOINS-NOUS!
GLOUPS!

TU PARLERAS, AVEC LA MÉTHODE DOUCE, OU LA FORTE...
ELECTRIK 9000

... MAIS JE TE PRÉVIENS, MOI, JE N'UTILISE QUE LA FORTE! HAR! HAR! PRÉPARE-TOI!
MMMPF!

OURGH!

COURAGE! JE VOUS EMMÈNE EN LIEU SÛR.
GNPFFF!
QUI ES-TU?
AGENT DOUBLE DUCK! C'EST L'AGENCE QUI M'ENVOIE!

COMMENT T'ES-TU DÉBARRASSÉ DE L'AUTRE GORILLE?
AVEC UN DE NOS GADGETS, PARDI!

« UN AÉROSOL PARALYSANT PRATIQUE CACHÉ DANS MON NŒUD PAPILLON... »

CHUT! S'ILS NOUS ENTENDENT, NOUS SOMMES MORTS!

CACHONS-NOUS ICI POUR METTRE AU POINT UN PLAN D'ACTION!
da Alí
POUF! JE SUIS TROP VIEUX POUR CES BÊTISES...

COMMENT SAVIEZ-VOUS QU'ILS ALLAIENT M'ENLEVER?
POUR ÊTRE FRANC, NOUS L'IGNORIONS TOTALEMENT.

LA MISSION ÉTAIT TOUT AUTRE. EFFACER VOTRE MÉMOIRE!
GLOUPS!

NOUS SAVIONS QUE LA MÉMOIRE VOUS REVENAIT. IL FALLAIT INTERVENIR VITE...
JE COMPRENDS. MÊME L'AGENCE A ÉTÉ PRISE PAR SURPRISE AVEC CETTE AFFAIRE...

SERIEZ-VOUS PRÊT À SUBIR LE TRAITEMENT MAINTENANT?
OUI, S'IL NE S'AGIT PAS DU REVOLVER QUE VOUS ALLEZ SORTIR.

PAS D'INQUIÉTUDE! C'EST JUSTE L'EFFACEUR MÉMORIEL! CE SERA PRESQUE INSTANTANÉ!

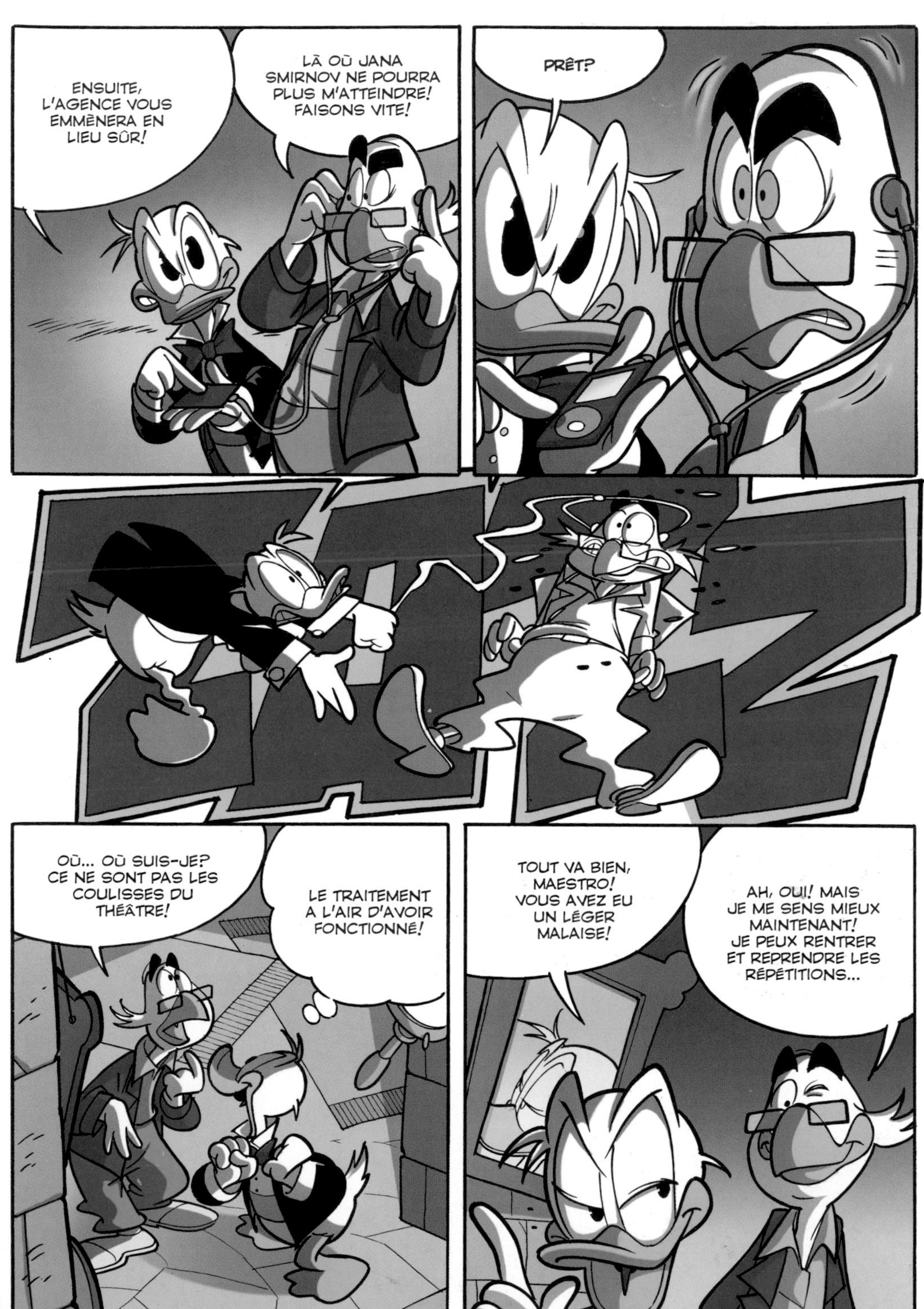
ENSUITE, L'AGENCE VOUS EMMÈNERA EN LIEU SÛR!
LÀ OÙ JANA SMIRNOV NE POURRA PLUS M'ATTEINDRE! FAISONS VITE!
PRÊT?
OÙ... OÙ SUIS-JE? CE NE SONT PAS LES COULISSES DU THÉÂTRE!
LE TRAITEMENT A L'AIR D'AVOIR FONCTIONNÉ!
TOUT VA BIEN, MAESTRO! VOUS AVEZ EU UN LÉGER MALAISE!
AH, OUI! MAIS JE ME SENS MIEUX MAINTENANT! JE PEUX RENTRER ET REPRENDRE LES RÉPÉTITIONS...

À L'OPÉRA, ET AU PAS DE COURSE!
MISSION R.M. ACCOMPLIE! LES SECRETS D'ABBONDO SONT LÀ-DEDANS, ET IL NE SE SOUVIENT DE RIEN...
C'EST BON À SAVOIR, ÇA!
AAAH!
OUPS! VOUS?
JE N'ABANDONNE JAMAIS! DONNE-MOI L'APPAREIL!
IL FAUDRA VENIR LE CHERCHER!
JE M'EN OCCUPE!

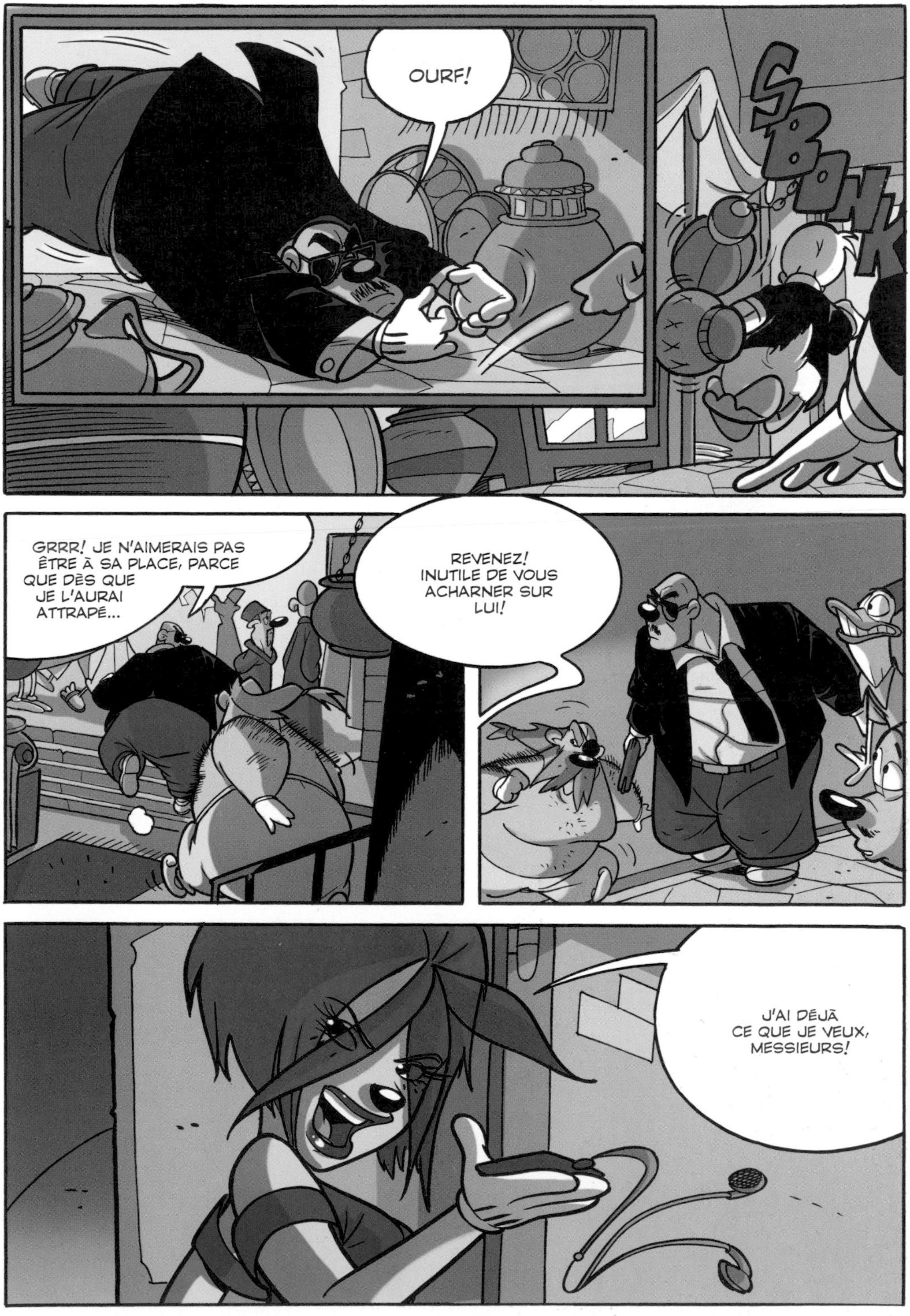

OURF!
SBONK

GRRR! JE N'AIMERAIS PAS ÊTRE À SA PLACE, PARCE QUE DÈS QUE JE L'AURAI ATTRAPÉ...
REVENEZ! INUTILE DE VOUS ACHARNER SUR LUI!

LE LENDEMAIN...

... APRÈS LES AVOIR SEMÉS, J'AI PRIS LE PREMIER AVION, ET...
GÉNIAL! TU AS ACCOMPLI CETTE MISSION AVEC BRIO! COMME TOUJOURS!

ET TON IDÉE ÉTAIT EXCELLENTE!
DISONS QUE, POUR UNE FOIS, LA CHANCE M'A AIDÉ!

SANS LE REFLET DU MIROIR QUI ÉTAIT À L'EXTÉRIEUR DE LA BOUTIQUE...

« JE N'AURAIS PAS VU QUE JANA SMIRNOV ET SES COMPLICES ME SUIVAIENT! »

À PARTIR DE LÀ, J'AI JOUÉ LA COMÉDIE...
... EN DISANT À VOIX HAUTE QUE L'EFFACEUR CONTENAIT LA MÉMOIRE D'ABBONDO!

« ET J'AI FAIT SEMBLANT DE LE PERDRE EN M'ENFUYANT! »

J'ÉTAIS SÛR QUE CES BANDITS S'ARRÊTERAIENT POUR LE RÉCUPÉRER...
MÊME LES MÉCHANTS ONT PARFOIS DES COMPORTEMENTS PRÉVISIBLES!

J'IMAGINE LA TÊTE DE SMIRNOV EN DÉCOUVRANT QUE L'EFFACEUR EST VIDE!
EH OUI! IL NE SERVAIT QU'À EFFACER, IL N'ENREGISTRE RIEN!

ILS SE RETROUVENT AVEC UN APPAREIL INUTILE SUR LES BRAS!
ET ENTRE-TEMPS, ON AURA TRANSFÉRÉ ABBONDO DANS UN ENDROIT SÛR...

À BIENTÔT, DOUBLE DUCK.
À BIENTÔT, CHEF.

SALUT, D-D! VOILÀ CE QUE TU M'AVAIS DEMANDÉ.
C'EST QUOI?
LE CONTRAT DE TRAVAIL DES AGENTS SECRETS!
AH OUI... MERCI!
TU Y TROUVERAS TOUT CE QUE TU VOULAIS...
JE VAIS ME CHERCHER UN COIN POUR LE LIRE TRANQUILLEMENT!
C'EST LE MOMENT OU JAMAIS D'ACCÉDER À L'ORDINATEUR CENTRAL!
EN TAPANT MON NOM, LES FICHIERS ME CONCERNANT APPARAÎTRONT!
NOUS Y VOILÀ! LÀ, LE DOSSIER DE MA PREMIÈRE MISSION VA S'OUVRIR...
DOUBLE DUCK
PROFIL
PREMIÈRE MISSION
MILAN
PARIS
CLICK

QUOI? LE DOSSIER A ÉTÉ EFFACÉ?!
DOSSIER
EFFACÉ
...
PAS LA PEINE D'INSISTER! ILS ONT NETTOYÉ LEUR BASE DE DONNÉES ET...?!
TIP TI-TIP TIP-TI-TIP
CE GOMES, C'EST LE TYPE QUI A ESSAYÉ DE ME TROUER LA PEAU AU CAIRE!
GOMES
AGENT SOUS CONTRAT
PROFIL
IL N'ÉTAIT PAS UN COMPLICE DE JANA SMIRNOV!
CET HOMME QUI M'A TIRÉ DESSUS TRAVAILLE POUR L'AGENCE!
AG
CO
FIN

Walt Disney
MISSION
DD DOUBLE DUCK
réaction thermique
QUI N'EST PAS TROMPÉ PAR UN BON TOUR DE MAGIE?
ÉPISODE #1
THÉÂTRE DE LA MAGIE
ET MAINTENANT, VOILÀ CE QU'IL VA SE PASSER!
THÉÂTRE DE LA MAGIE
SPECTACLE DU CÉLÈBRE MAGE LAPINOS Y CHAPEAU-CLAQUE
ET HO-PÉ! LA PERSONNE, ELLE A DISPAROU!
CEPENDANT IL Y A L'EXCEPTION QUI CONFIRME LA RÈGLE...
OOOH!
BÂIIILLE!
1 I-2797-1

MA N'AYEZ PAS PEUR. IL MÉ SOUFFIT DÉ RÉFERMER ET ROUVRIR L'ARMOIRE...
VLAN

... HO-PÉ! LÃ, LA SEÑORA, ELLE RÉAPPARAÎT EN CHAIR Y EN OS, MA SOURTOUT EN CHAIR!
QUE D'ÉMOTIONS! JE ME SENTAIS SI LÉGÈRE, À L'INSTANT!

QUEL SPECTACLE FASCINANT! HEIN, DONALD?
OUI. AUSSI FASCINANT QUE REGARDER SÉCHER TON VERNIS À ONGLES, DAISY...

TU DIS ÇA PARCE QUE TU NE SAIS ABSOLUMENT PAS COMMENT CE MAGICIEN A FAIT DISPARAÎTRE CETTE FEMME DANS L'ARMOIRE!
POUR MOI, LE VRAI MYSTÈRE...

... C'EST COMMENT CETTE FEMME S'Y EST PRISE POUR NE PAS DÉMOLIR L'ARMOIRE DANS LAQUELLE CE CHARLATAN L'A CACHÉE!
CACHÉE?

MAIS OUI! IL Y A UN DOUBLE FOND, DES PANNEAUX COULISSANTS, DES MIROIRS ET TOUT LE RESTE...
AH OUI?

LE TRUC DU MAGICIEN, C'EST DE TE FAIRE REGARDER AILLEURS AU BON MOMENT. COMME ÇA, PENDANT QU'IL PRÉPARE SA PETITE MISE EN SCÈNE, TOI, TU NE TE RENDS COMPTE DE RIEN!
J'HALLUCINE!

À T'ENTENDRE, ON DIRAIT QUE TU ES UN EXPERT EN LA MATIÈRE!
DISONS QU'À LA DIFFÉRENCE DU GRAND PUBLIC, JE SAIS TOUJOURS OÙ REGARDER, MOI!

ROOAARR
ON NE ME SURPREND... AAAH!

I-IL S-S'EN EST F-FALLU DE P-PEU!
MAIS NON, TU PLAISANTES? ON NE TE SURPREND PAS FACILEMENT!
3

CAR TOI, TU SAIS TOUJOURS OÙ REGARDER, N'EST-CE PAS?

ET LA DISCUSSION SE POURSUIT...
CE QUE JE VEUX DIRE, C'EST QUE JE SUIS LE ROI DU DÉPISTAGE!

JE REMARQUE TOUT! LES DOUBLES JEUX, LES PIÈGES, LES GUETS-APENS, LES SUBTERFUGES...
TU AS SURTOUT EMPRUNTÉ LE DICTIONNAIRE DES SYNONYMES ET DES CONTRAIRES DE POPOP!

SUPPOSE QUE JE SOUPÇONNE UN AGENT ALLIÉ D'ÊTRE EN RÉALITÉ UN TRAÎTRE. JE LE DÉMASQUERAI EN DEUX COUPS DE TRIPLE JEU À EMBOÎTEMENT SIMULTANÉ, TU SAISIS? C'EST LE B.A.-BA!
ATTENDS UN PEU...

... MAIS OÙ AS-TU APPRIS TOUS CES MOTS-LÀ?
Q-QUELS MOTS?
AGENT ALLIÉ, JEU À EMBOÎTEMENT SIMULTANÉ...

OOH... CE N'EST RIEN. J'AI DÛ LIRE ÇA DANS UN DE MES ROMANS D'ESPIONNAGE, C'EST TOUT!
DANS UN ROMAN, HEIN? TU ME CACHES QUELQUE CHOSE, DONALD DUCK!

QU'EST-CE QUE TU RACONTES?
DEPUIS QUELQUE TEMPS, TU AS UN DRÔLE DE COMPORTEMENT! TU CROYAIS QUE JE NE M'EN ÉTAIS PAS APERÇUE?

MAIS J'AI TOUT COMPRIS! AVOUE! OU BIEN TU ES ALLÉ VOIR LE DERNIER JAMES BLOND AVEC JE NE SAIS QUELLE FILLE...
HEIN? QU'EST-CE QUE TU DIS?

... OU BIEN TU ES DEVENU AGENT SECRET! CE QUI, À MES YEUX, N'EST PAS CRÉDIBLE, DONC IMPOSSIBLE!
ET POURQUOI JE NE POURRAIS PAS ÊTRE AGENT SECRET, SELON TOI? JE SUIS TROP BÊTE PEUT-ÊTRE?

POUR FAIRE CERTAINES CHOSES, IL FAUT UN MINIMUM DE PHYSIQUE, D'APPARENCE, DE LOOK!
J'IMAGINE QUE TU ME FAIS DES COMPLIMENTS, LÀ, MAIS JE NE LES COMPRENDS PAS!

ALORS ÉCOUTE! SI TU ES UN AGENT SECRET, AVOUE LE ET JE NE T'EMBÊTERAI PLUS AVEC MA JALOUSIE!
HUM...

NON. JE NE SUIS PAS UN AGENT SECRET.
JE LE SAVAIS! MAINTENANT, DONNE-MOI LE NOM DE CELLE AVEC QUI TU ES ALLÉ AU CINÉMA!

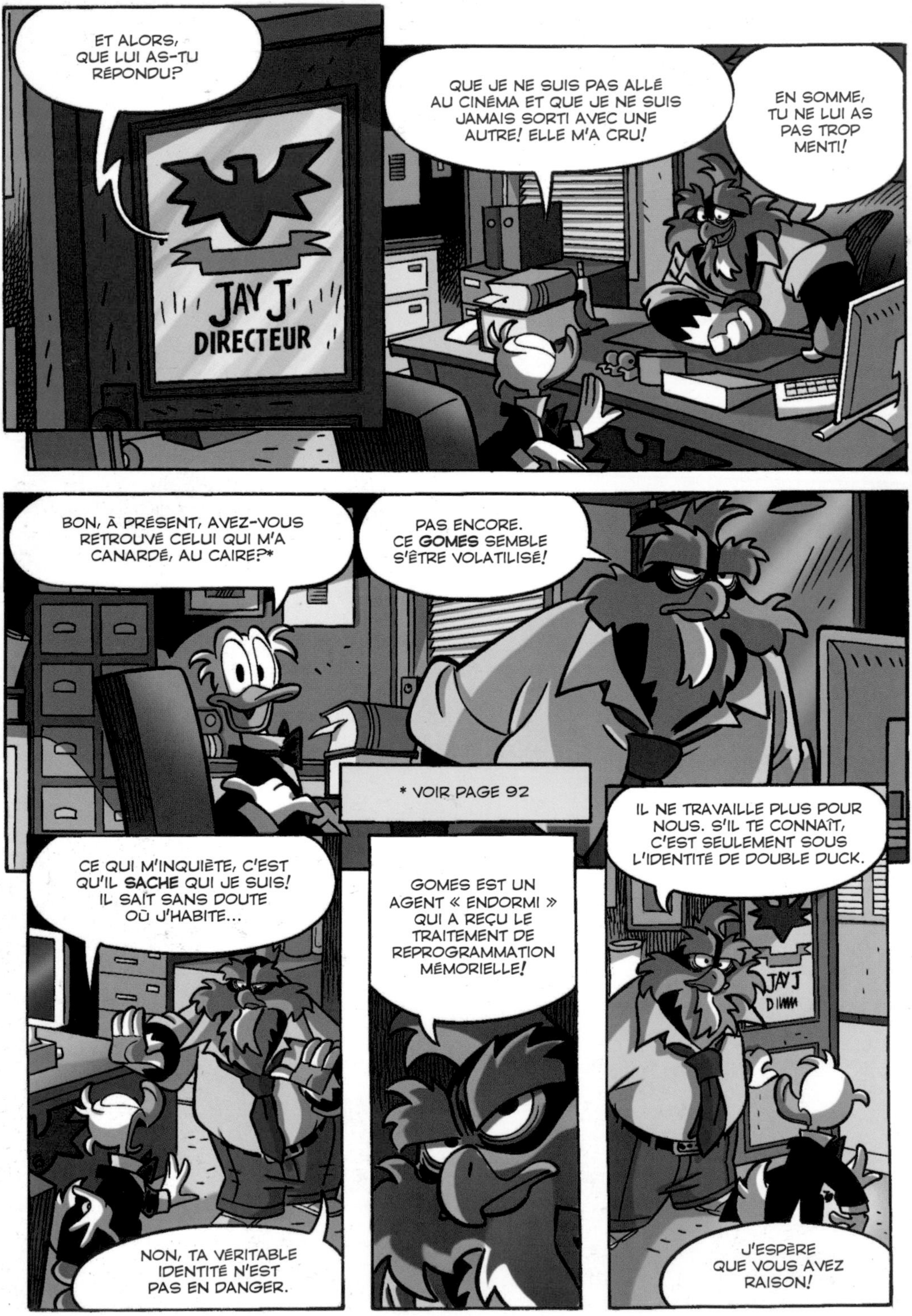

BON, À PRÉSENT, AVEZ-VOUS RETROUVÉ CELUI QUI M'A CANARDÉ, AU CAIRE?*

PAS ENCORE. CE **GOMES** SEMBLE S'ÊTRE VOLATILISÉ!

* VOIR PAGE 92

CE QUI M'INQUIÈTE, C'EST QU'IL **SACHE** QUI JE SUIS! IL SAIT SANS DOUTE OÙ J'HABITE...

NON, TA VÉRITABLE IDENTITÉ N'EST PAS EN DANGER.

GOMES EST UN AGENT « ENDORMI » QUI A REÇU LE TRAITEMENT DE REPROGRAMMATION MÉMORIELLE!

IL NE TRAVAILLE PLUS POUR NOUS. S'IL TE CONNAÎT, C'EST SEULEMENT SOUS L'IDENTITÉ DE DOUBLE DUCK.

J'ESPÈRE QUE VOUS AVEZ RAISON!

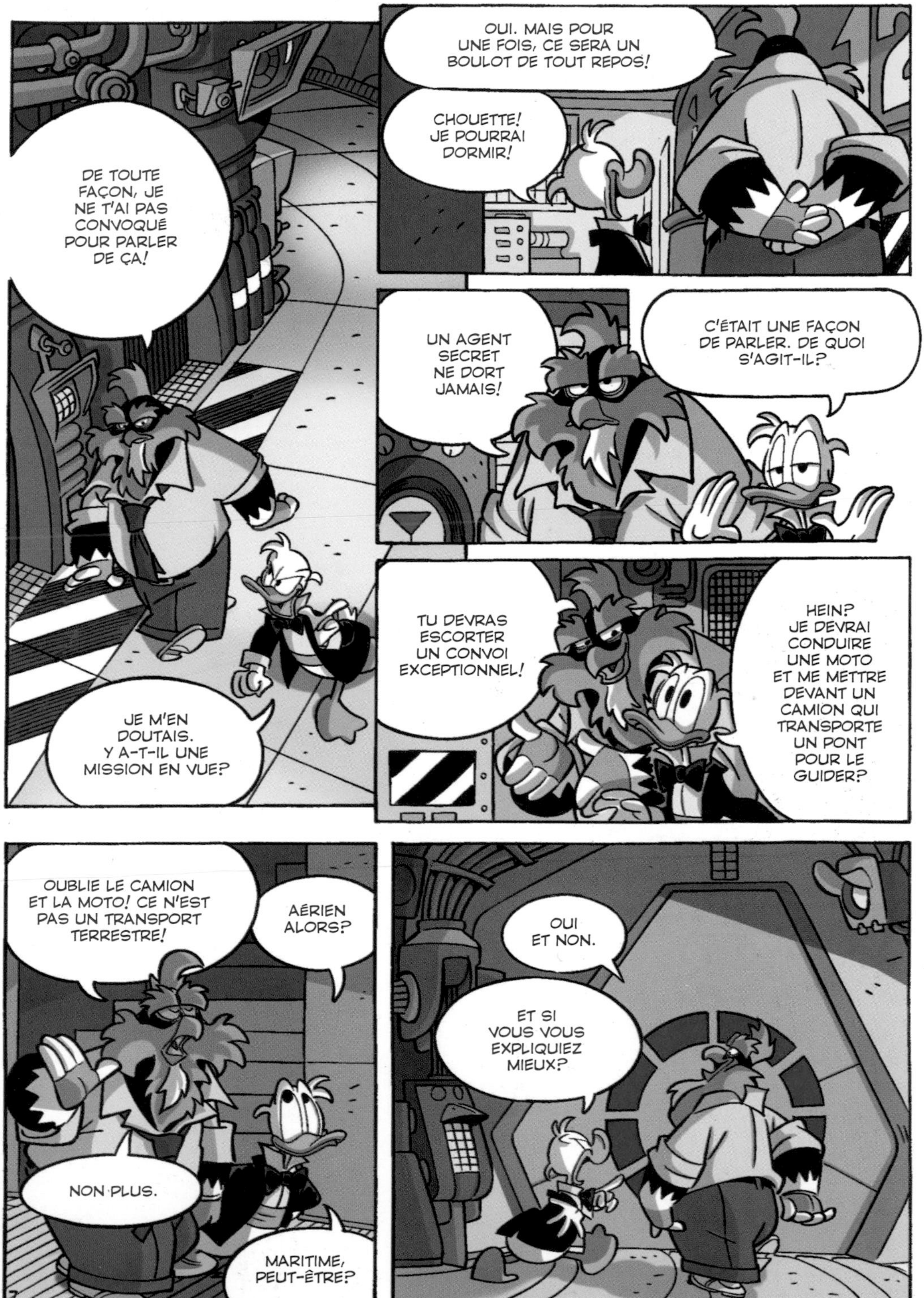

DE TOUTE FAÇON, JE NE T'AI PAS CONVOQUÉ POUR PARLER DE ÇA!
JE M'EN DOUTAIS. Y A-T-IL UNE MISSION EN VUE?
OUI. MAIS POUR UNE FOIS, CE SERA UN BOULOT DE TOUT REPOS!
CHOUETTE! JE POURRAI DORMIR!
UN AGENT SECRET NE DORT JAMAIS!
C'ÉTAIT UNE FAÇON DE PARLER. DE QUOI S'AGIT-IL?
TU DEVRAS ESCORTER UN CONVOI EXCEPTIONNEL!
HEIN? JE DEVRAI CONDUIRE UNE MOTO ET ME METTRE DEVANT UN CAMION QUI TRANSPORTE UN PONT POUR LE GUIDER?

TU VOYAGERAS SOUS LA SURFACE DE LA MER!
GLOUPS! C'EST QUOI CE TRUC-LÀ?
VRRRRR
LE « WHITE DEEP »! UN BATHYSCAPHE NOUVELLE GÉNÉRATION! UN SOUS-MARIN CONÇU POUR ATTEINDRE LES GRANDES PROFONDEURS DE L'OCÉAN.
GRANDES... C'EST-À-DIRE?
TRÈS GRANDES!
OH! JE... J'AURAIS PRÉFÉRÉ ESCORTER UN CAMION À MOTO!

LE « WHITE DEEP » N'EST PAS UN SIMPLE SOUS-MARIN! IL A QUELQUE CHOSE EN PLUS!
SALLE D'ENTRAÎNEMENT AUX MISSIONS
SA STRUCTURE EST FAITE D'UN ALLIAGE MODULABLE, UNE DES DERNIÈRES TROUVAILLES DU DÉPARTEMENT R&D.
C'EST QUOI ÇA?
CE MÉTAL CHANGE DE FORME EN FONCTION DE LA TEMPÉRATURE ET DE LA PRESSION, POUR ENSUITE RETROUVER SA FORME INITIALE!
EUH... JE CROIS AVOIR COMPRIS L'ESSENTIEL, MAIS...
QUAND TU SAURAS POURQUOI NOUS AVONS LE « WHITE DEEP », TU COMPRENDRAS! TU VOIS CE MOTEUR?
LAISSEZ-MOI DEVINER. IL MARCHE À L'ÉNERGIE ATOMIQUE? AU PLUTONIUM?
L'ÉNERGIE ATOMIQUE EST DÉPASSÉE! LÀ, NOUS PARLONS DE PROPULSION MAGNÉTIQUE À INDUCTION PASSIVE!
ET VOILÀ! JE N'AI TOUJOURS RIEN COMPRIS...
LE MOTEUR DU BATHYSCAPHE N'A BESOIN D'AUCUN CARBURANT!
ET J'AVANCE COMMENT, ALORS? JE POUSSE?
BRAVO, DOUBLE DUCK! TU AS TOUT COMPRIS!

CE MOTEUR UTILISE LES COURANTS SOUS-MARINS. IL LES CANALISE ET LES TRANSFORME EN ÉNERGIE CINÉTIQUE QUI PROPULSE LE BATHYSCAPHE.
BLINK
IL FONCTIONNE À L'EAU DE MER!
CLIK
C'EST ÇA!

EN RÉSUMÉ, IL ATTEINT N'IMPORTE QUELLE PROFONDEUR, AFFRONTE TOUTES LES TEMPÉRATURES ET NE CONSOMME RIEN!
OUI! ET C'EST TOI QUI L'ESCORTERAS!
OÙ ÇA EXACTEMENT?
OH, PAS TRÈS LOIN...

... AU PÔLE NORD!

AU PÔLE NORD?!

RELAXE, D-D! TA MISSION PRENDRA FIN LÀ-BAS ET UN AVION TE RAMÈNERA! C'EST SIMPLE ET INDOLORE!
ET QUE FERA LE « WHITE DEEP » AU PÔLE NORD?

UN AGENT N'A PAS À CONNAÎTRE TOUS LES DÉTAILS DE SA MISSION...

... MAIS SI JE NE TE DIS PAS TOUT, TU CONTINUERAS À M'ENQUIQUINER, ALORS ÉCOUTE...
CLIK
BLINK
CLAP
CLAP
QUELLE ATTITUDE CONSTRUCTIVE! J'APPLAUDIS!

LA MISSION DE «WHITE DEEP» COMMENCERA AU PÔLE, ET ELLE SE POURSUIVRA SUR QUELQUES MILLIERS DE MÈTRES EN PROFONDEUR!
WHITE DEEP

JUSQU'AU FOND DE L'EAU?

ENCORE PLUS LOIN! JUSQU'AU **CENTRE DE LA TERRE!**
ARGH!

BLINK
CE BATHYSCAPHE DESCENDRA JUSQU'AU FOND DE L'OCÉAN ARCTIQUE ET PARCOURRA 6 000 KILOMÈTRES SOUS LA CROÛTE TERRESTRE...
6 000 Km
BLINK
... IL OUVRIRA UN TUNNEL SOUS-MARIN QUI CREUSERA LA CROÛTE OCÉANIQUE, LE MANTEAU ET LE NOYAU EXTERNE AFIN D'ATTEINDRE LE NOYAU INTERNE...
NOYAU

... LÀ OÙ SE TROUVE LE CŒUR THERMIQUE DE LA PLANÈTE! DEVINES-TU CE QUE NOUS Y TROUVERONS?
LE CHAUFFAGE CENTRAL DE LA TERRE?

JE PARIE QUE J'AI DIT UNE GROSSE BÊTISE, HEIN?
NON, AU CONTRAIRE, D-D! TU AS PRESQUE DEVINÉ!

SALLE D'IMMERSION
LE RÉCHAUFFEMENT CLIMATIQUE EST TRÈS PRÉOCCUPANT...
OUI. ON NE PARLE QUE DE ÇA.

IL FAUT TOUT FAIRE POUR QUE LA TERRE SE REFROIDISSE UN PEU. ET SANS ATTENDRE, SI ON VEUT STOPPER L'AVANCÉE DES DÉSERTS ET LA FONTE DES GLACIERS...
EN FAISANT **BAISSER LA TEMPÉRATURE?**

OUI. D'APRÈS LES SCIENTIFIQUES, C'EST POSSIBLE EN AGISSANT SUR LE CŒUR THERMIQUE! MAIS POUR EN ÊTRE SÛR, IL FAUT L'ATTEINDRE. ET JUSQU'À PRÉSENT, C'ÉTAIT IMPOSSIBLE!

VOILÀ POURQUOI « WHITE DEEP » NE DOIT PAS TOMBER ENTRE DE MAUVAISES MAINS! ON POURRAIT SE SERVIR DE SA TECHNOLOGIE POUR RÉALISER LE PIRE!
VOUS PENSEZ À **L'ORGANISATION?**
TOUT À FAIT, DOUBLE DUCK!

ALORS, TOUT CE QUE J'AURAI À FAIRE, CE SERA DE GARDER LES YEUX OUVERTS JUSQU'AU PÔLE... JE DEVRAIS Y ARRIVER!
VIENS AVEC MOI!
BASSIN D'IMMERSION
F-FLAT
12

VOICI LE POINT D'IMMERSION DE « WHITE DEEP »!

LE SOUS-MARIN S'IMMERGERA DANS CE BASSIN RELIÉ À UNE GALERIE QUI MÈNE À LA MER! TU IRAS TOUT DROIT...
... SUR QUELQUES MILLIERS DE KILOMÈTRES, POUR ATTEINDRE LE TOIT DU MONDE!
VOICI L'ÉQUIPAGE : **HAMILTON**, LE PREMIER PILOTE! ET **FELIPE**, SON SECOND!
ON A BEAUCOUP ENTENDU PARLER DE TOI!
ON DIT : «ÉTERNEL SECOND»! ÇA BOUME, D-D?
PSST! ON N'EST PAS NOMBREUX!
POUR QUE CETTE MISSION RÉUSSISSE, IL IMPORTE QU'UN MINIMUM DE PERSONNES SOIENT AU COURANT!
VOUS VERREZ, TOUT IRA BIEN! MAIS AU CAS IMPROBABLE OÙ VOUS SERIEZ INTERCEPTÉS...
... L'ORDRE EST DE N'OPPOSER AUCUNE RÉSISTANCE! VOTRE SÉCURITÉ PASSE AVANT TOUT, COMPRIS?
D-D'ACCORD, CHEF!
13

BIZARRE, LE DISCOURS DE JAY J...
COMMENT ÇA, DOUBLE DUCK?

IL DIT QUE SI L'ORGANISATION S'EMPARAIT DE « WHITE DEEP », CE SERAIT UNE CATASTROPHE...

... PUIS IL NOUS DEMANDE DE NE PAS OPPOSER DE RÉSISTANCE EN CAS D'ATTAQUE!
BAH! IL DIT ÇA PARCE QU'IL TIENT À NOUS!

DE TOUTE FAÇON, IL EST IMPOSSIBLE DE LOCALISER CE SOUS-MARIN! IL N'EST PAS REPÉRABLE PAR LES SONARS ET IL N'A PAS D'ÉMETTEUR!
LA SEULE POSSIBILITÉ SERAIT QUE QUELQU'UN AIT PLACÉ UN MOUCHARD! ET ÇA SIGNIFIERAIT...

... QU'IL Y A UNE TAUPE AU SEIN DE L'AGENCE!
ET ÇA AUSSI, C'EST IMPOSSIBLE!
BIP BIP BIP BIP BIP
14

BIP BIP BIP

IMPOSSIBLE? VOYONS CE QUI S'EST PASSÉ QUELQUES JOURS AUPARAVANT...
JE VOUS RÉPÈTE QUE TOUT VA BIEN! VOUS POUVEZ ÊTRE TRANQUILLE!
JAY J.
DIRECTEUR

MAIS OUI, CETTE LIGNE EST SÉCURISÉE! POUR QUI ME PRENEZ-VOUS?

LIGNE SÉCURISÉE
J'INSTALLERAI L'ÉMETTEUR AUJOURD'HUI MÊME. PRÉPAREZ CE QUE J'AI DEMANDÉ!

ET SOUVENEZ-VOUS : PERSONNE NE DOIT ÊTRE BLESSÉ!
JE FERAI AU MIEUX, MONSIEUR JAY J.! MAIS JE NE GARANTIS RIEN...
15

JE SENS QUE QUELQUE CHOSE NE VA PAS...
MON INSTINCT ME DIT QUE J'AI FAIM!
RELAXE-TOI, D-D! TOUT VA BIEN!

GARDONS LES YEUX OUVERTS, LES GARS! QUAND TOUT EST TROP TRANQUILLE, C'EST QU'IL VA SE PASSER UN TRUC!

ILS NE RALENTISSENT PAS!
ET ILS N'ATTAQUENT PAS, POUR NE PAS ENDOMMAGER LE BATHYSCAPHE!

EXPLOITONS CET AVANTAGE! HAMILTON, ÉMERGE ET NAVIGUE COMME SI NOTRE « WHITE DEEP » ÉTAIT UN BATEAU!
MESSAGE REÇU!
NAVIGATION EN SURFACE

NOUS NAVIGUERONS À LA MÊME VITESSE QU'EUX. ILS NE NOUS RATTRAPERONT PAS!
BLOUB BLOUB

VIRE À TRIBORD!
?
?
?
?
?
VROOAARR
À BÂBORD, MAINTENANT!
VROOARRR!!
18

ON NE LES DISTANCERA PAS ÉTERNELLEMENT.
TU AS RAISON.

DIRIGE-TOI VERS CETTE PETITE ÎLE!
COMPRIS!
VRRRR

IL EST PARFAITEMENT INUTILE DE RISQUER NOS VIES À TOUS LES TROIS!
COMMENT ÇA, D-D?

ÉQUIPEMENT DE PLONGÉE
ENFILEZ ÇA, SORTEZ PAR LE SAS ÉTANCHE ET RÉFUGIEZ-VOUS SUR L'ÎLE.
TU PLAISANTES?! POUR Y MOISIR LE RESTE DE NOTRE VIE?

JE **DONNERAI** VOTRE POSITION À L'AGENCE. ILS VIENDRONT VOUS RÉCUPÉRER!
ET TOI, QUE VAS-TU FAIRE?

SORTIE COMPARTIMENT ÉTANCHE
JE VAIS ESSAYER DE ME DÉBARRASSER DE CES POTS DE COLLE! NE VOUS INQUIÉTEZ PAS POUR MOI!

BONNE CHANCE, DOUBLE DUCK!
BAH! UN LOUP DE MER, C'EST TOUJOURS MIEUX QU'UN REQUIN!

PILOTER CE MACHIN NE DOIT PAS ÊTRE COMPLIQUÉ... QUAND ON A LE MODE D'EMPLOI!

VOYONS COMMENT IL SE DÉBROUILLE DANS LES ABYSSES!
IMMERSION RAPIDE

JE DOUTE QU'UN BATEAU, MÊME RAPIDE, PUISSE DESCENDRE À 3 500 MÈTRES DE PROFONDEUR!

GLOUPS! ILS SONT ENCORE À MES TROUSSES?!

O.K. DESCENDONS ALORS À 5 000 MÈTRES!

FLÛTE! ILS ME REPÈRENT TOUJOURS! BON, AUTANT REMONTER!
BLINK
BLINK

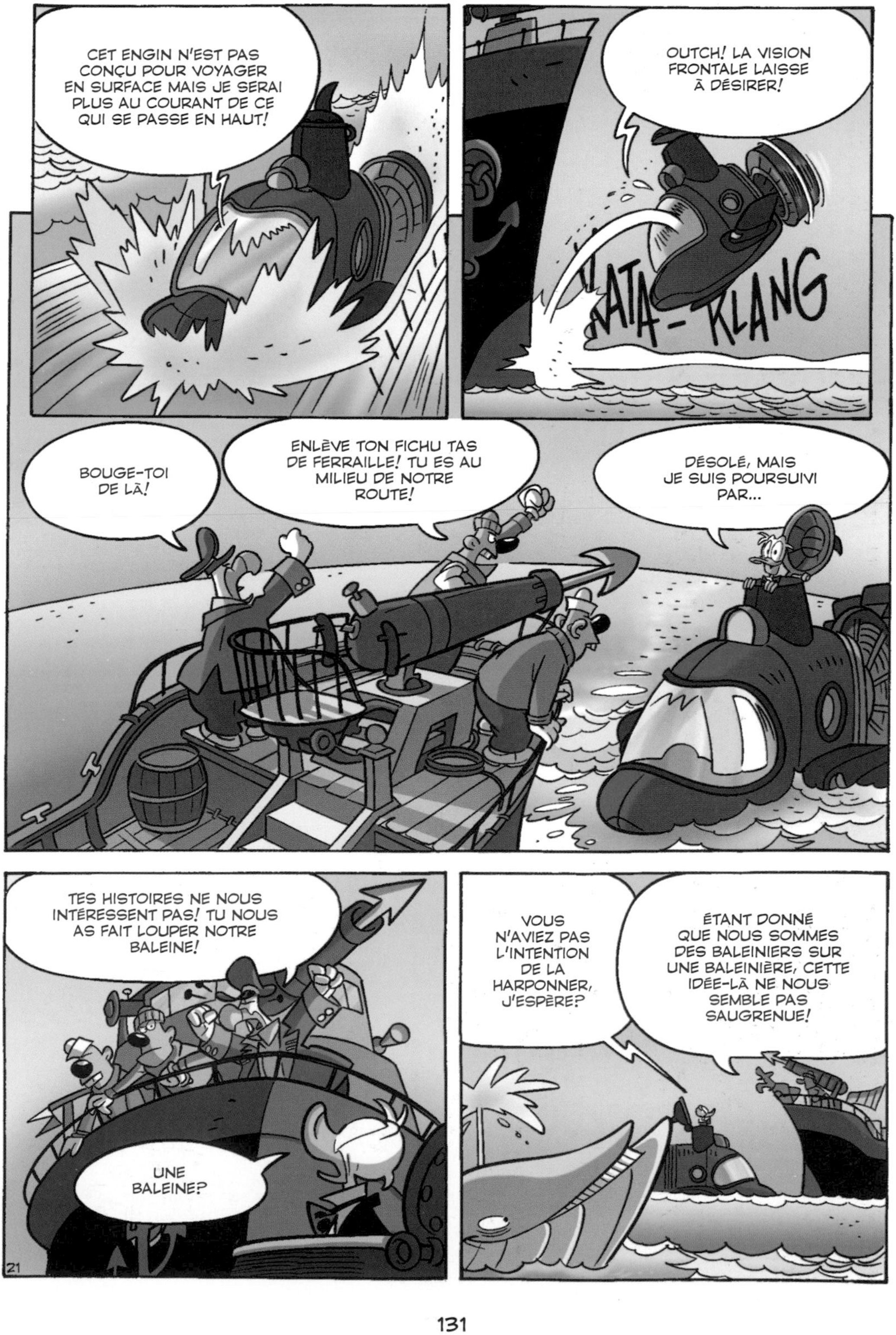

CET ENGIN N'EST PAS CONÇU POUR VOYAGER EN SURFACE MAIS JE SERAI PLUS AU COURANT DE CE QUI SE PASSE EN HAUT!

OUTCH! LA VISION FRONTALE LAISSE À DÉSIRER!

ATA-KLANG

BOUGE-TOI DE LÀ!

ENLÈVE TON FICHU TAS DE FERRAILLE! TU ES AU MILIEU DE NOTRE ROUTE!

DÉSOLÉ, MAIS JE SUIS POURSUIVI PAR...

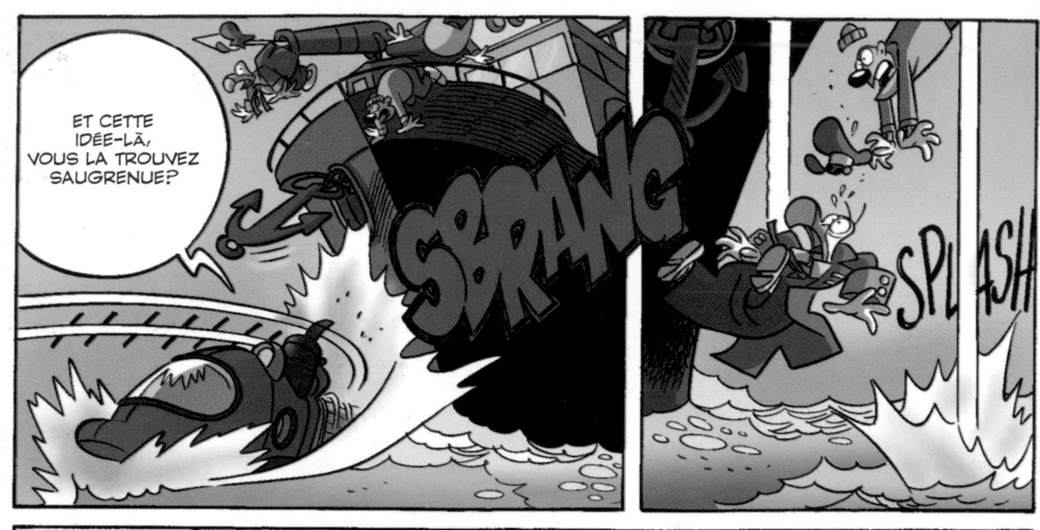
ET CETTE IDÉE-LÀ, VOUS LA TROUVEZ SAUGRENUE?
SBRANG
SPLASH

GLOUB!... LA BALEINE NOUS A FILÉ ENTRE LES DOIGTS!
CE MAUDIT CANARD NE S'EN TIRERA PAS COMME ÇA! PRÉPARE LES HARPONS!
VRRRR

VROOM
VRRRRR
BROARR
GÉNIAL! MAINTENANT, DEUX BATEAUX ME POURCHASSENT AU LIEU D'UN! TROP DE POPULARITÉ NUIT!

HÉ, HÉ, JE POURRAIS PEUT-ÊTRE FAVORISER LEUR « RENCONTRE »...
22

VROOM
VRRRR
BROOA
ON VA BIEN S'AMUSER!

BOOM
CRASH
BLOUB-BLOUB

PENDANT QUE CES ENQUIQUINEURS ÉTABLISSENT LEUR CONSTAT, J'EN PROFITE POUR FILER À L'ANGLAISE!

ET JE DOUTE QU'ON ME RETROUVE... OUPS! JE N'AI RIEN DIT!
BLINK BLINK
REMONTONS À LA SURFACE!

ILS DOIVENT SANS DOUTE AVOIR UN SYSTÈME DE SECOURS!
23

ILS LE FONT EXPRÈS! ILS N'ABANDONNENT PAS FACILEMENT! MIEUX VAUT REPLONGER!

JE NAVIGUE À 3 000 MÈTRES DE PROFONDEUR. JE SUIS CENSÉ ÊTRE IMMUNISÉ CONTRE LES SONARS ET ILS NE ME LÂCHENT PAS D'UNE SEMELLE!
LA SEULE POSSIBILITÉ SERAIT QUE QUELQU'UN AIT PLACÉ UN MOUCHARD!
OH, OH! ET SI C'ÉTAIT VRAIMENT LE CAS?
JE VAIS ACTIONNER LA CAMÉRA GYROSCOPIQUE POUR CONTRÔLER LA QUILLE.
PLIK
BZZZ
LE VOILÀ! UN ÉMETTEUR PIRATE AVEC UNE VENTOUSE! MAIS QUI AURAIT POSÉ ÇA?
J'ÉCLAIRCIRAI ÇA PLUS TARD! DÉBARRASSONS-NOUS DE CES ADMIRATEURS TROP COLLANTS!
JE VAIS DÉTACHER LE MOUCHARD EN ME SERVANT DU BRAS ARTICULÉ ET LE LÂCHER AU FOND!

EH! C'EST MA PETITE COPINE! ENFIN, « PETITE », FAÇON DE PARLER!

TIENS, ÇA ME DONNE UNE MEILLEURE IDÉE!

TU SERAS ENCORE PLUS CHOUETTE AVEC ÇA! TIENS, MA BELLE!

CLANG
BLINK BLINK

ILS AURONT FAIT UN JOLI TOUR EN MER AVANT DE SE RENDRE COMPTE DE L'ARNAQUE!
BLINK BLINK BLINK

IL EST CLAIR QU'UNE TAUPE SÉVIT AU SEIN DE L'AGENCE! AUTREMENT DIT...
25

UN TRAÎTRE!

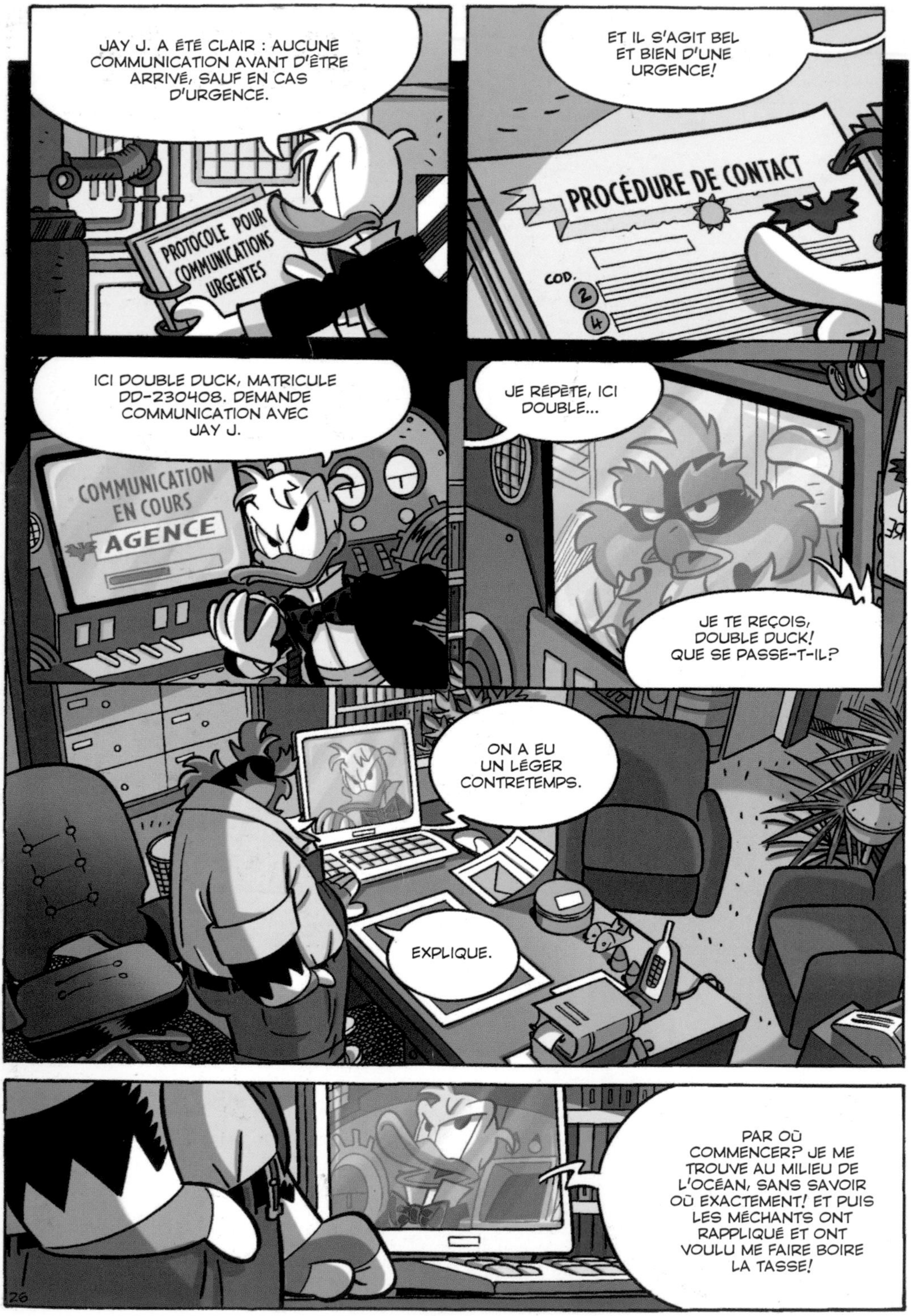

JAY J. A ÉTÉ CLAIR : AUCUNE COMMUNICATION AVANT D'ÊTRE ARRIVÉ, SAUF EN CAS D'URGENCE.

ET IL S'AGIT BEL ET BIEN D'UNE URGENCE!

ICI DOUBLE DUCK, MATRICULE DD-230408. DEMANDE COMMUNICATION AVEC JAY J.

JE RÉPÈTE, ICI DOUBLE...

JE TE REÇOIS, DOUBLE DUCK! QUE SE PASSE-T-IL?

ON A EU UN LÉGER CONTRETEMPS.

EXPLIQUE.

ET MAINTENANT, ILS POURSUIVENT UN CÉTACÉ, PERSUADÉS QU'IL S'AGIT DU BATHYSCAPHE!
HUM...

JE T'AVAIS DONNÉ DES ORDRES BIEN PRÉCIS SI CELA ARRIVAIT! EN CAS D'AGRESSION, VOUS NE DEVIEZ OPPOSER AUCUNE RÉSISTANCE!
C'ÉTAIT PLUS FORT QUE MOI!

CES TYPES N'AVAIENT PAS L'AIR SYMPA! J'AURAIS EU DU MAL À LEUR CÉDER « WHITE DEEP » SANS ME DÉFENDRE!

MAIS CE N'EST PAS ÇA, LE VRAI PROBLÈME!
LE VRAI PROBLÈME?

UN TRAÎTRE, AU SEIN DE L'AGENCE, A ATTACHÉ UN MOUCHARD AU BATHYSCAPHE! C'EST AINSI QU'ON M'A LOCALISÉ!
27

TU ES SÛR DE CE QUE TU AFFIRMES?

À 100 %!

ÇA NE SERAIT JAMAIS ARRIVÉ SI TU T'EN ÉTAIS TENU À MES ORDRES!
CLIK

À PARTIR DU MOMENT OÙ TU AVAIS REPÉRÉ CE BATEAU NOIR, TU AURAIS DÛ RESPECTER LA PROCÉDURE!
C'EST VRAI, PATRON, MAIS...

EH! COMMENT SAVEZ-VOUS QU'IL ÉTAIT NOIR, CE BATEAU?
AHEM! TU VIENS DE LE DIRE!

NON! JE N'AI JAMAIS PARLÉ D'UN BATEAU NOIR!
BAH! J'AI DIT ÇA AU HASARD! DE TOUTE FAÇON, LES MÉCHANTS ONT UNE PRÉDILECTION POUR LE NOIR!

INTÉRESSANT, MAIS ON PEUT SUPPOSER AUTRE CHOSE...
JE T'ÉCOUTE!

IMAGINONS QUE LE DIRECTEUR DE L'AGENCE SE SOIT VENDU À L'ORGANISATION! QU'EN PENSEZ-VOUS?
POUR ÊTRE TOUT À FAIT FRANC, C'EST PARFAITEMENT CRÉDIBLE, DOUBLE DUCK!

JE N'ARRIVE PAS À Y CROIRE! VOUS ÊTES VRAIMENT UN TRAÎTRE?
TECHNIQUEMENT OUI, D-D! MAIS LAISSE-MOI TE DIRE UNE CHOSE : TU N'AS AUCUN MOYEN D'ALLER PARLER DE ÇA À QUI QUE CE SOIT!

L'UNIQUE CONTACT PAR RADIO DONT TU DISPOSES, C'EST MOI! ALORS SUIS MON CONSEIL...

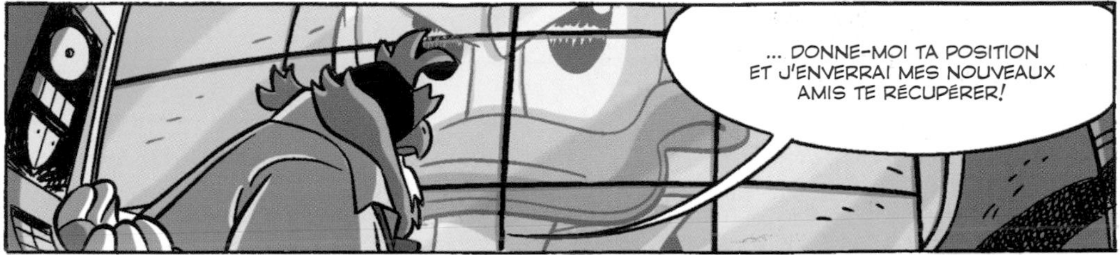
... DONNE-MOI TA POSITION ET J'ENVERRAI MES NOUVEAUX AMIS TE RÉCUPÉRER!

JE TE PROMETS QU'ILS NE TE FERONT AUCUN MAL! PAS TROP DU MOINS, TU LES AS QUAND MÊME FAIT COURIR APRÈS UNE BALEINE!

À L'AGENCE, ILS VONT METTRE DU TEMPS AVANT DE RÉALISER! ILS T'ONT SOUS-ESTIMÉ!
VOUS ÊTES EN TRAIN DE COMMETTRE LA MÊME ERREUR, JAY J.!

SI VOUS CROYEZ QUE JE VAIS ME RENDRE, ALORS VOUS N'AVEZ PAS COMPRIS DE QUEL BOIS JE SUIS FAIT!
29

CET ENGIN DOIT ARRIVER AU PÔLE NORD ET IL Y ARRIVERA. AI-JE BIEN ÉTÉ CLAIR?
MAIS...
CLIK
ET VOUS POUVEZ TOUJOURS ESSAYER DE M'ATTRAPER SI VOUS VOULEZ! TERMINÉ!
ATTENDS, NE...
BZZZZ
BIEN! J'AI SEMÉ LES REQUINS DE L'ORGANISATION ET J'AI DÉMASQUÉ LE TRAÎTRE!
J'AVAIS DIT À DAISY, QUE JE DÉTECTAIS TOUTES LES SUPERCHERIES! IL ME RESTE UNE CHOSE À FAIRE : TROUVER LA ROUTE DU PÔLE.
30
D-D Y PARVIENDRA-T-IL? POUR LE SAVOIR, IL SUFFIT DE TOURNER LA PAGE!

MISSION réaction thermique

ÉPISODE #2

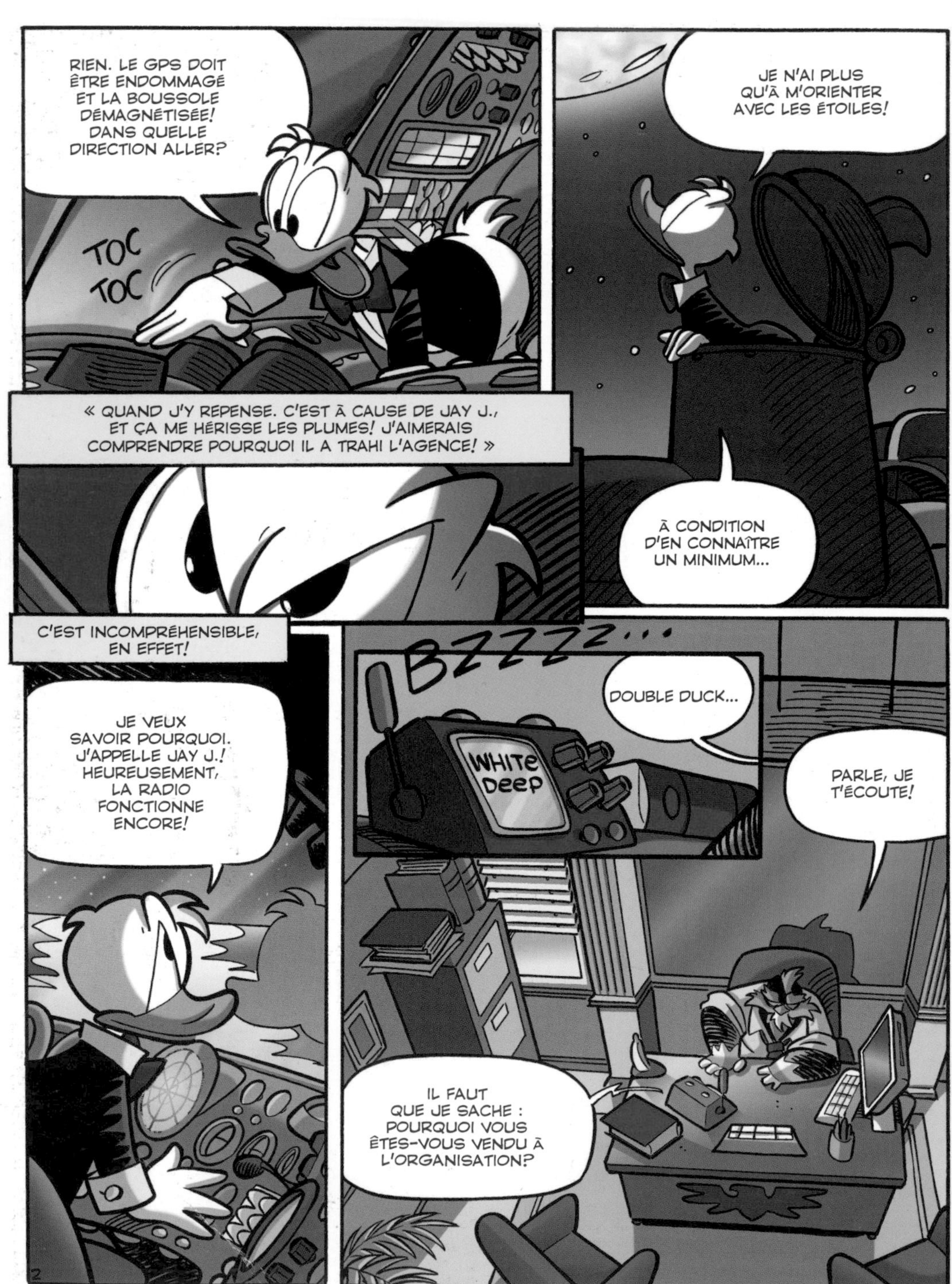
RIEN. LE GPS DOIT ÊTRE ENDOMMAGÉ ET LA BOUSSOLE DÉMAGNÉTISÉE! DANS QUELLE DIRECTION ALLER?
TOC TOC
JE N'AI PLUS QU'À M'ORIENTER AVEC LES ÉTOILES!
« QUAND J'Y REPENSE. C'EST À CAUSE DE JAY J., ET ÇA ME HÉRISSE LES PLUMES! J'AIMERAIS COMPRENDRE POURQUOI IL A TRAHI L'AGENCE! »
À CONDITION D'EN CONNAÎTRE UN MINIMUM...
C'EST INCOMPRÉHENSIBLE, EN EFFET!
JE VEUX SAVOIR POURQUOI. J'APPELLE JAY J.! HEUREUSEMENT, LA RADIO FONCTIONNE ENCORE!
BZZZZZ...
DOUBLE DUCK...
WHITE DEEP
PARLE, JE T'ÉCOUTE!
IL FAUT QUE JE SACHE : POURQUOI VOUS ÊTES-VOUS VENDU À L'ORGANISATION?

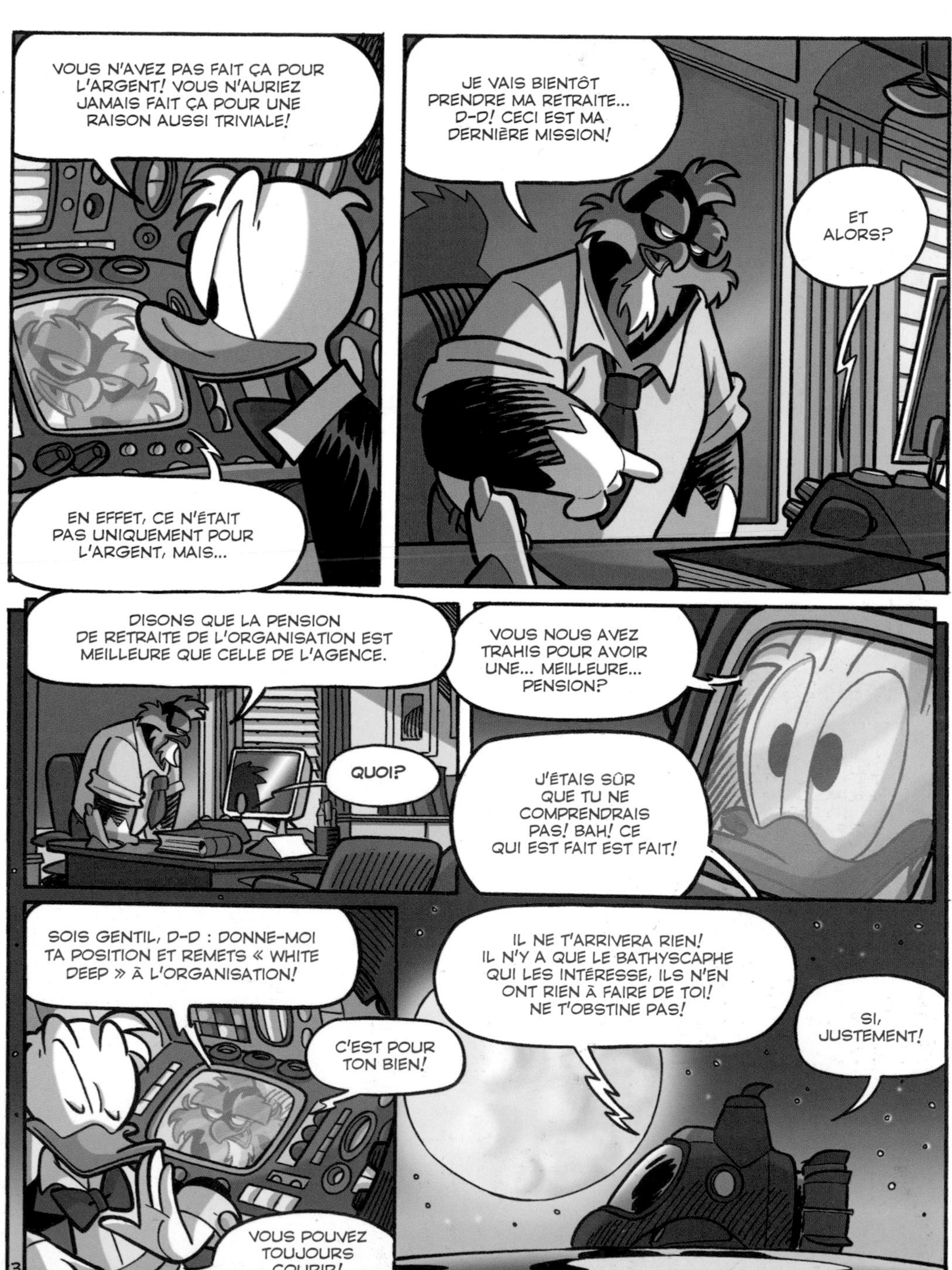
VOUS N'AVEZ PAS FAIT ÇA POUR L'ARGENT! VOUS N'AURIEZ JAMAIS FAIT ÇA POUR UNE RAISON AUSSI TRIVIALE!
EN EFFET, CE N'ÉTAIT PAS UNIQUEMENT POUR L'ARGENT, MAIS...
JE VAIS BIENTÔT PRENDRE MA RETRAITE... D-D! CECI EST MA DERNIÈRE MISSION!
ET ALORS?
DISONS QUE LA PENSION DE RETRAITE DE L'ORGANISATION EST MEILLEURE QUE CELLE DE L'AGENCE.
QUOI?
VOUS NOUS AVEZ TRAHIS POUR AVOIR UNE... MEILLEURE... PENSION?
J'ÉTAIS SÛR QUE TU NE COMPRENDRAIS PAS! BAH! CE QUI EST FAIT EST FAIT!
SOIS GENTIL, D-D : DONNE-MOI TA POSITION ET REMETS « WHITE DEEP » À L'ORGANISATION!
C'EST POUR TON BIEN!
VOUS POUVEZ TOUJOURS COURIR!
IL NE T'ARRIVERA RIEN! IL N'Y A QUE LE BATHYSCAPHE QUI LES INTÉRESSE, ILS N'EN ONT RIEN À FAIRE DE TOI! NE T'OBSTINE PAS!
SI, JUSTEMENT!
3

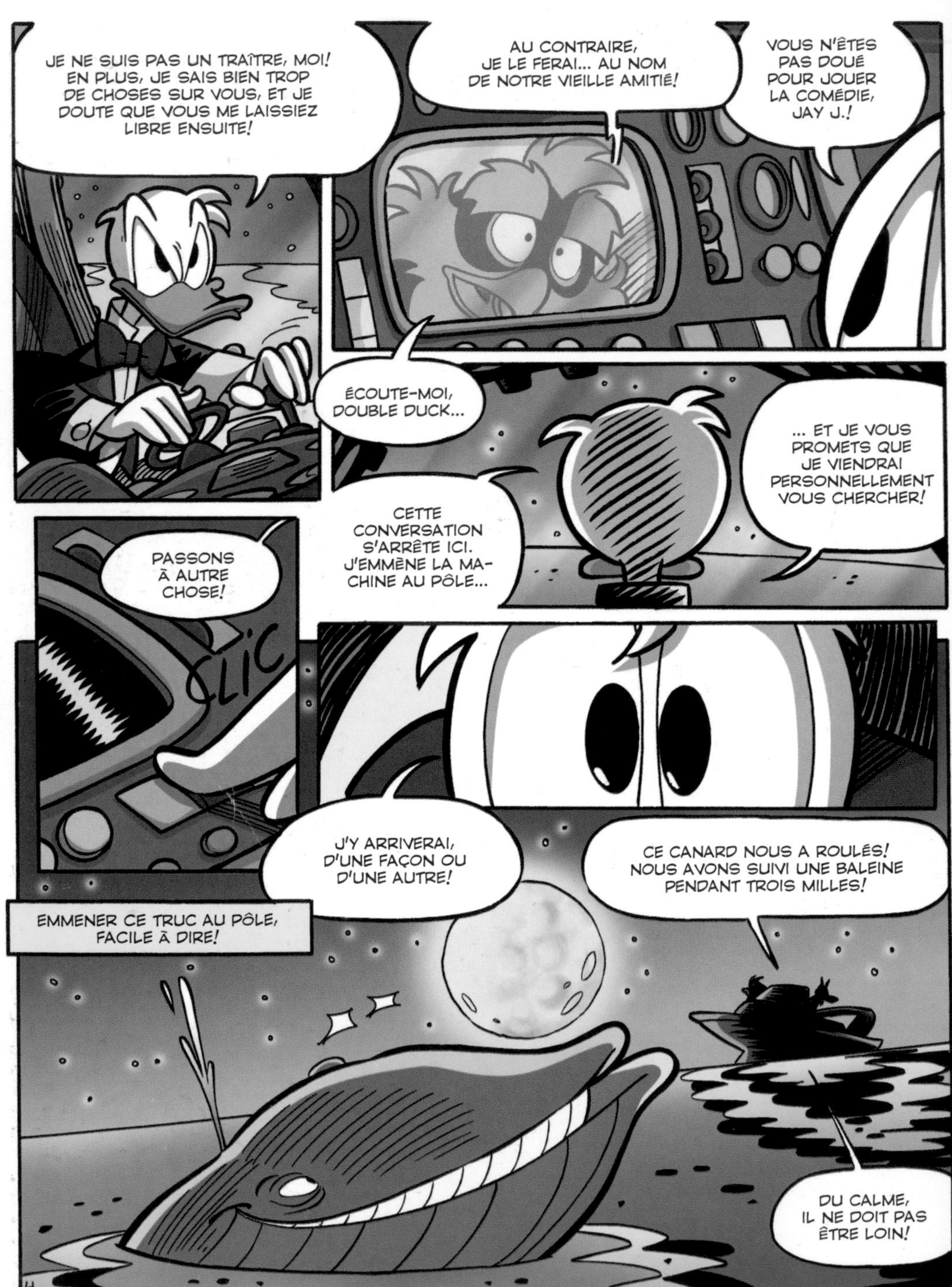
JE NE SUIS PAS UN TRAÎTRE, MOI! EN PLUS, JE SAIS BIEN TROP DE CHOSES SUR VOUS, ET JE DOUTE QUE VOUS ME LAISSIEZ LIBRE ENSUITE!
AU CONTRAIRE, JE LE FERAI... AU NOM DE NOTRE VIEILLE AMITIÉ!
VOUS N'ÊTES PAS DOUÉ POUR JOUER LA COMÉDIE, JAY J.!
ÉCOUTE-MOI, DOUBLE DUCK...
... ET JE VOUS PROMETS QUE JE VIENDRAI PERSONNELLEMENT VOUS CHERCHER!
CETTE CONVERSATION S'ARRÊTE ICI. J'EMMÈNE LA MA-CHINE AU PÔLE...
PASSONS À AUTRE CHOSE!
CLIC
J'Y ARRIVERAI, D'UNE FAÇON OU D'UNE AUTRE!
EMMENER CE TRUC AU PÔLE, FACILE À DIRE!
CE CANARD NOUS A ROULÉS! NOUS AVONS SUIVI UNE BALEINE PENDANT TROIS MILLES!
DU CALME, IL NE DOIT PAS ÊTRE LOIN!
4

C'EST LA MEILLEURE ROUTE POUR REJOINDRE LE PÔLE NORD!
ROUTE
PÔLE NORD
IL NOUS SUFFIT D'ALLER DU SUD AU NORD, ET VICE VERSA, ET NOUS FINIRONS BIEN PAR L'INTERCEPTER!
JAY J. AFFIRME QUE C'EST UN NAVIGATEUR INEXPÉRIMENTÉ. IL CHOISIRA L'OPTION LA PLUS FACILE!
OUAIS! ON L'AURA!
GROUMPF...
POUR REJOINDRE LE PÔLE, LE CHEMIN LE PLUS LOGIQUE EST CELUI-CI.
PÔLE NORD
ET NOS AMIS DE L'ORGANISATION S'ATTENDENT À CE QUE JE SUIVE LE CHEMIN LE PLUS DIRECT. DONC...
... J'EN PRENDRAI UN AUTRE!
5

C'EST DÉCIDÉ! JE NAVIGUERAI EN ZIGZAG!
LES CHEMINS LES MOINS FACILES SONT PARFOIS LES PLUS SÛRS!
VRRR
AUCUNE TRACE?
TOUJOURS RIEN.
JE SUIS EN TRAIN D'EXPLORER LE MILIEU DE L'OCÉAN.
IL N'A PAS PU DISPARAÎTRE...
... IL S'EST JUSTE BIEN CACHÉ!
JAY J. NOUS A DIT DE NE PAS SOUS-ESTIMER DOUBLE DUCK! IL EST PLUS MALIN QU'IL N'Y PARAÎT!
ALORS, NOUS ATTENDRONS QU'IL COMMETTE UNE ERREUR...
« NOUS FINISSONS TOUS PAR EN COMMETTRE UNE! »
VRRR

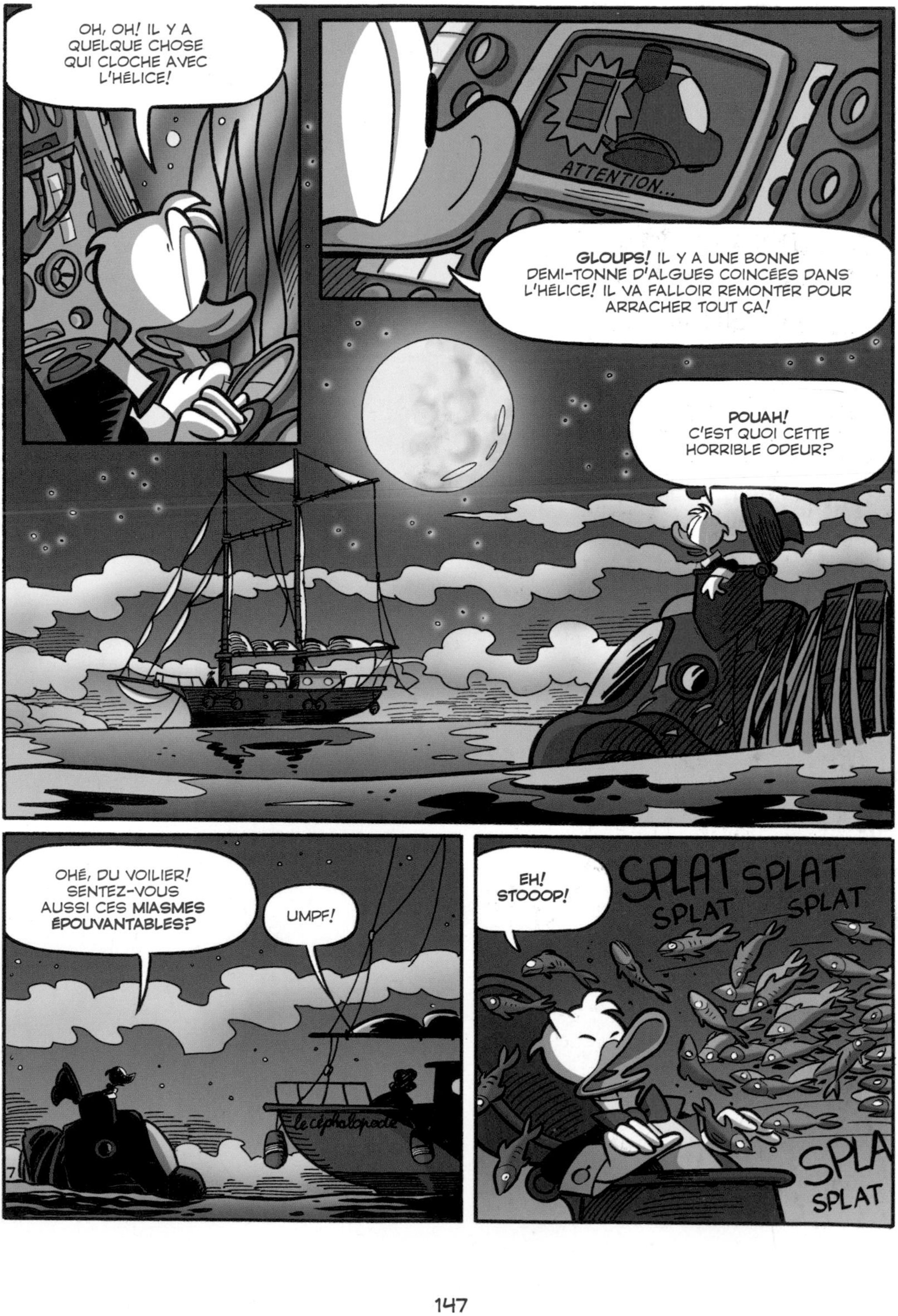

OH, OH! IL Y A QUELQUE CHOSE QUI CLOCHE AVEC L'HÉLICE!

ATTENTION...

GLOUPS! IL Y A UNE BONNE DEMI-TONNE D'ALGUES COINCÉES DANS L'HÉLICE! IL VA FALLOIR REMONTER POUR ARRACHER TOUT ÇA!

POUAH! C'EST QUOI CETTE HORRIBLE ODEUR?

ARRÊTEZ DE ME LANCER DES SARDINES!
SILENCE! ENNEMI DU CÉPHALOPODE!
JE NE SAIS MÊME PAS CE QU'EST UN CÉPHALOLOGUE!
PARLE! QUE FAIS-TU ICI?
TAIS-TOI! N'AGGRAVE PAS TA SITUATION!
VOUS VOULEZ LA VERSION COURTE OU LONGUE?
ET CE NE SONT PAS DES SARDINES, MAIS DES HARENGS!
ET NE DÉRANGE PAS LA PONTE!
CETTE ZONE EST INTERDITE À LA NAVIGATION!
GARE À CE QUE TU DIS! IL N'Y A PAS DE MAUVAISE ODEUR ICI!
QUESTION DE POINT DE VUE... OU D'ODORAT, PLUTÔT!
SAVE CEFY
JE L'IGNORAIS! MON HÉLICE EST BLOQUÉE ET...
TU ES VENU PERTURBER LA PONTE DES ŒUFS, PAS VRAI?
LES ŒUFS DE QUI, D'ABORD?
8
... JE ME SUIS RETROUVÉ AU MILIEU DE CETTE PUANTEUR!
CEFY

LES ŒUFS DU CEPHALOPODUS PUTEOLENS, LE MOLLUSQUE QUE NOTRE ASSOCIATION **AIME, DÉFEND ET PROTÈGE!**
IL EST NOTRE AMI
SAVE CEFY
C'EST LUI!
ALORS CETTE PUAN... CET ARÔME EST PRODUIT PAR LE **CÉPHALOPUANT?**
LE CEPHALOPODUS PUTEOLENS EST UNE DES MERVEILLES DU MONDE DES INVERTÉBRÉS, CANARD INCULTE! BÉOTIEN!
IL A L'AIR TRÈS INTÉRESSANT!
CET ANIMAL ÉTONNANT SE DÉPLACE AVEC UN SYSTÈME À RÉACTION POSTÉRIEUR!
C'EST ÇA QUI DONNE SON PARFUM SANS ÉGAL!
AH, C'EST **ÇA!**
UNE FOIS PAR AN, IL VIENT ICI...
... POUR DÉPOSER SES ŒUFS...
... EN **TOUTE** TRANQUILLITÉ!
SANS **LA PRÉSENCE** DE **SUBMERSIBLES POLLUEURS** COMME LE TIEN!
LÀ, VOUS VOUS TROMPEZ!

MON BATHYSCAPHE NE POLLUE PAS! SON MOTEUR EST ON NE PEUT PLUS ÉCOLO!
TU RACONTES DES HISTOIRES! NOUS NE TE CROYONS PAS!
PAS LE MOINS DU MONDE!
TRÈS BIEN! JE VAIS TOUT VOUS DIRE!
TU AS INTÉRÊT!
ET NE JOUE PAS LES MALINS! ON LE SAURAIT AUSSITÔT! NOUS SOMMES DES ESPRITS ALERTES, NOUS!
APRÈS AVOIR RACONTÉ UNE VÉRITABLE HISTOIRE...
MINCE! IL FALLAIT LE DIRE TOUT DE SUITE! ON T'AURAIT ACCUEILLI SANS TE CANARDER!
QUELLE HISTOIRE INCROYABLE!
INCROYABLE... ET POURTANT CRÉDIBLE!
OUAIS! L'ALGUE EST LE PÉTROLE DU FUTUR! EN PLUS, ELLE NE POLLUE PAS!
ALORS COMME ÇA, TU ÉTUDIES LES ALGUES ET L'USAGE QU'ON PEUT EN FAIRE?
EXACT!
ET TU AS DÉCOUVERT QU'ON POUVAIT CRÉER UN COMBUSTIBLE À PARTIR DES ALGUES!
10

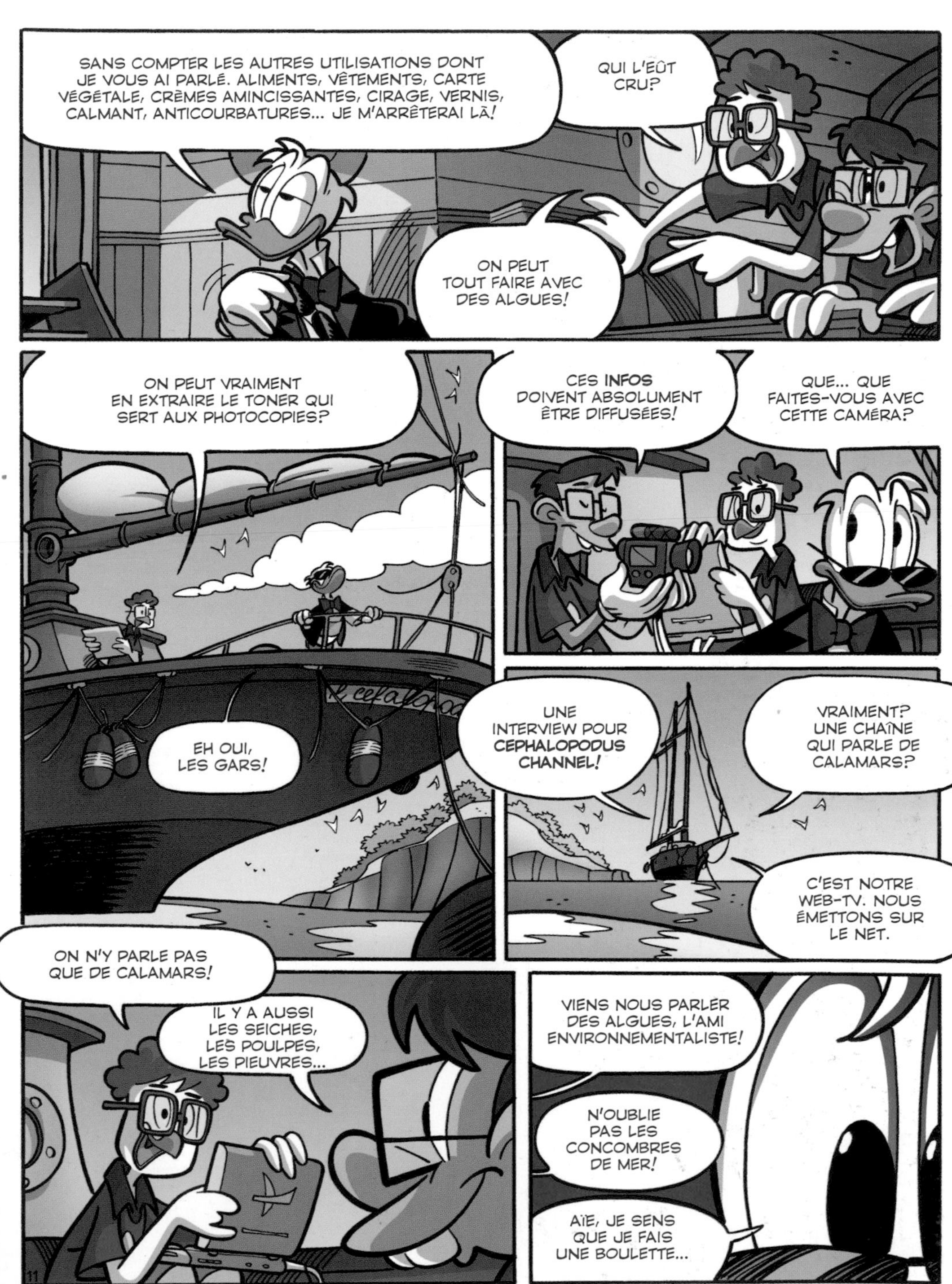
SANS COMPTER LES AUTRES UTILISATIONS DONT JE VOUS AI PARLÉ. ALIMENTS, VÊTEMENTS, CARTE VÉGÉTALE, CRÈMES AMINCISSANTES, CIRAGE, VERNIS, CALMANT, ANTICOURBATURES... JE M'ARRÊTERAI LÀ!
QUI L'EÛT CRU?
ON PEUT TOUT FAIRE AVEC DES ALGUES!
ON PEUT VRAIMENT EN EXTRAIRE LE TONER QUI SERT AUX PHOTOCOPIES?
EH OUI, LES GARS!
CES **INFOS** DOIVENT ABSOLUMENT ÊTRE DIFFUSÉES!
QUE... QUE FAITES-VOUS AVEC CETTE CAMÉRA?
UNE INTERVIEW POUR **CEPHALOPODUS CHANNEL!**
VRAIMENT? UNE CHAÎNE QUI PARLE DE CALAMARS?
C'EST NOTRE WEB-TV. NOUS ÉMETTONS SUR LE NET.
ON N'Y PARLE PAS QUE DE CALAMARS!
IL Y A AUSSI LES SEICHES, LES POULPES, LES PIEUVRES...
VIENS NOUS PARLER DES ALGUES, L'AMI ENVIRONNEMENTALISTE!
N'OUBLIE PAS LES CONCOMBRES DE MER!
AÏE, JE SENS QUE JE FAIS UNE BOULETTE...

EN EFFET...
BINGO!
COMME ON SE RETROUVE!
C'EST VRAI, LE WEB PERMET BIEN DE RETROUVER DES RELATIONS PERDUES DE VUE DEPUIS LONGTEMPS!
PEUX-TU AVOIR LA POSITION EXACTE DE NOTRE CANARD?
JE SUIS DÉJÀ DESSUS!
IL EST LÀ!
EH BIEN, ALLONS LE CHERCHER!
ET SI TU NOUS PARLAIS UN PEU DU PLANCTON, MAINTENANT?
DU... PLANCTON?
ON ADORE ÇA, LE PLANCTON! MAIS ON AIME AUSSI BEAUCOUP LES BERNARD-L'ERMITE!
À VRAI DIRE, JE N'AIMERAIS PAS TROP ME LIVRER. MES ÉTUDES SONT SECRÈTES!
SECRÈTES?
AH BON?
VRRR
12

EN FAIT, J'AI OUBLIÉ DE VOUS PARLER D'UNE CHOSE! IL Y A DES SALES TYPES QUI SABOTENT MON TRAVAIL! DE VRAIS MÉCHANTS!
TU PARLES DES **ANTIENVIRONNEMENTALISTES POLLUEURS ET COMPLOTEURS, ENNEMIS** DES CÉPHALOPODES?
ABSOLUMENT! CES GENS-LÀ DÉTESTENT MÊME LES GASTÉROPODES! PENSEZ DONC! ILS MANGENT LES SEICHES AVEC DES PETITS POIS!
OH! QUI POURRAIT ÊTRE AUSSI CRUEL?
OOOH...
LES VOILÀ! CE SONT EUX!
NE T'INQUIÈTE PAS! ON SAIT COMMENT LES RECEVOIR!
ÉCARTE-TOI, L'AMI! PLACE AUX **HARENGS!**
VRRRRR
QUE... QU'EST-CE QUE C'EST QUE ÇA?!
ON DIRAIT DES SARDINES...
NON! PAS DES SARDINES!
ARGH! DES HARENGS!
SPLAT
SPLAT
SPLAT
13

DEMI-TOUR! CES TYPES-LÀ SONT DES FOUS FURIEUX!
ROOARRRR
ILS S'EN VONT!
ILS VONT REVENIR...
PERMETS-MOI D'EN DOUTER!
ATTENTION, ON VA ÊTRE PRIS AU FILET!
WOOOIINNNGGG
C'EST LE FILET DE PROTECTION DU CEPHALOPODUS PUTEOLENS!
ÇA FONCTIONNE SUPER BIEN, APPAREMMENT!
CRASH
ET VOILÀ, JE LE SAVAIS! REVOILÀ MA MIGRAINE!
PAREIL POUR MOI. ÇA DOIT ÊTRE L'HUMIDITÉ!
14

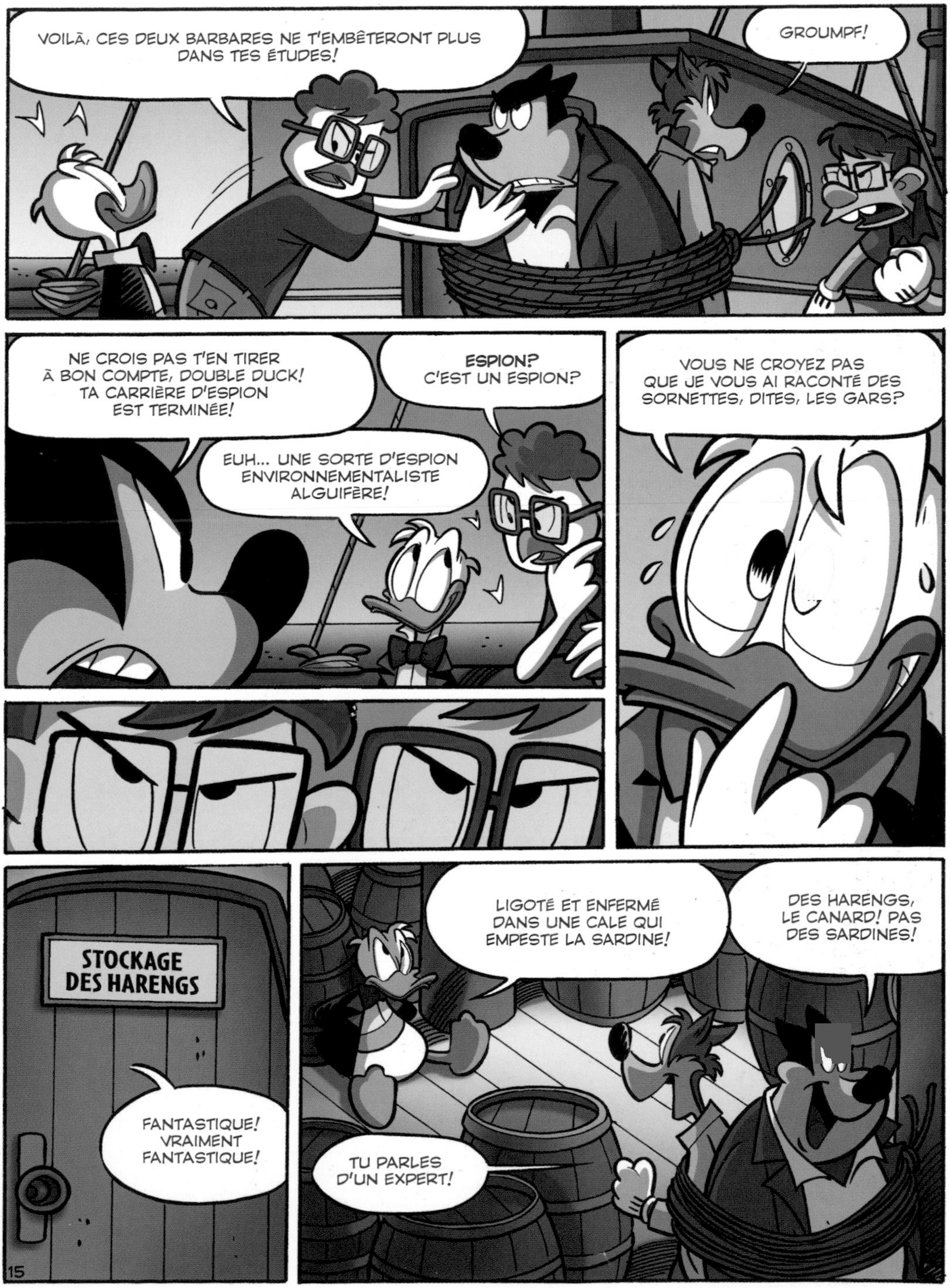

VOILÀ, CES DEUX BARBARES NE T'EMBÊTERONT PLUS DANS TES ÉTUDES!
GROUMPF!
NE CROIS PAS T'EN TIRER À BON COMPTE, DOUBLE DUCK! TA CARRIÈRE D'ESPION EST TERMINÉE!
ESPION? C'EST UN ESPION?
EUH... UNE SORTE D'ESPION ENVIRONNEMENTALISTE ALGUIFÈRE!
VOUS NE CROYEZ PAS QUE JE VOUS AI RACONTÉ DES SORNETTES, DITES, LES GARS?

ÉCOUTEZ, LES GARS, NOUS RISQUONS DE RESTER PRISONNIERS DE CES **MOLLUSQUES** PLEINS DE VASE JUSQU'À CE QUE LES ŒUFS ÉCLOSENT!
ZOMP
QUE PROPOSES-TU?
LAISSONS TOMBER NOS DIFFÉRENDS POUR LE MOMENT ET TÂCHONS DE **COLLABORER**, SI NOUS VOULONS SORTIR D'ICI!
ET COMMENT?
FACILE. L'UN DE VOUS ME LIBÈRE ET MOI J'ENLÈVE VOS LIENS À MON TOUR.
EH, TU NOUS PRENDS POUR DES CRÉTINS?
RÉFLÉCHISSEZ! JE NE SUIS PAS EN MESURE DE VOUS LIBÉRER, MAIS VOUS SI!
LE CANARD A RAISON.
TRÈS BIEN! MAIS SI TU CHERCHES À NOUS ROULER, TU LE REGRETTERAS!
EH! JE N'AI QU'UNE PAROLE...
16
... ET C'EST: **SALUT ET MERCI!**
ÇA FAIT TROIS MOTS!
CRÉTIN! LE CANARD NOUS A BERNÉS!

MAINTENANT, JE N'AI PLUS QU'À REJOINDRE LE BATHYSCAPHE ET C'EST GAGNÉ!
QU'EST-CE QUE TU FAIS LÀ? ON T'AVAIT LIGOTÉ, NON?
EN EFFET, MAIS JE ME SUIS LIBÉRÉ!
TU AS BESOIN D'UNE NOUVELLE CORRECTION!
JE VAIS ÊTRE FRANC! VOUS ÊTES PEUT-ÊTRE DES ÉCOLOS, LES GARS, MAIS VOUS DEVENEZ PÉNIBLES!
EH, ATTENDEZ UN PEU! ÇA NE SERAIT PAS UN **TOTANUS PERSTIATUS**? JE CROYAIS QU'IL AVAIT DISPARU!
OÙ ÇA? OÙ ÇA?
UN TOTANUS?
OH, J'AI DÛ ME TROMPER...
ÇA DEVAIT ÊTRE UNE ILLUSION D'OPTIQUE!
BONK
ET MAINTENANT, REPRENONS LA ROUTE DU PÔLE!

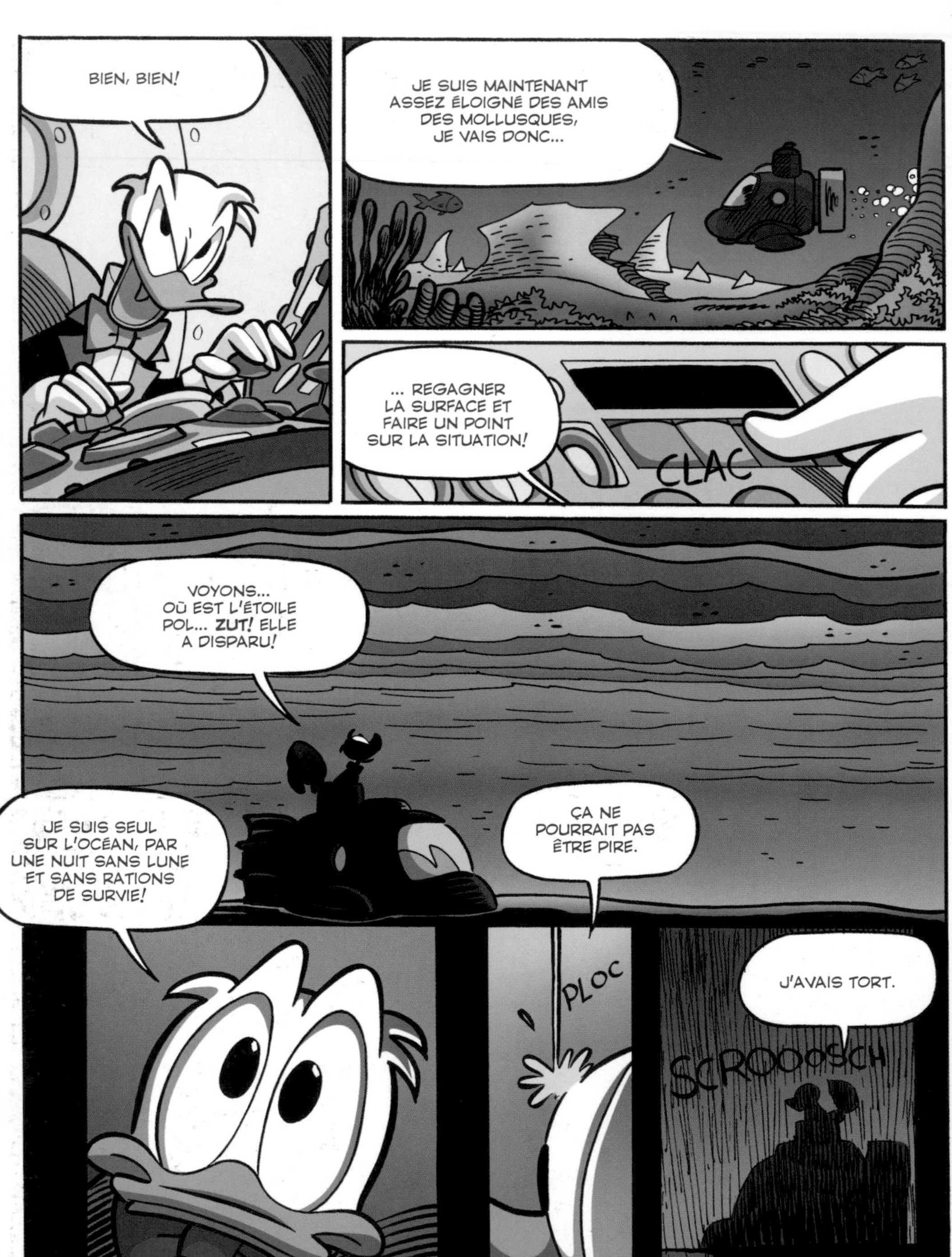
BIEN, BIEN!
JE SUIS MAINTENANT ASSEZ ÉLOIGNÉ DES AMIS DES MOLLUSQUES, JE VAIS DONC...
... REGAGNER LA SURFACE ET FAIRE UN POINT SUR LA SITUATION!
CLAC
VOYONS... OÙ EST L'ÉTOILE POL... **ZUT!** ELLE A DISPARU!
JE SUIS SEUL SUR L'OCÉAN, PAR UNE NUIT SANS LUNE ET SANS RATIONS DE SURVIE!
ÇA NE POURRAIT PAS ÊTRE PIRE.
PLOC
J'AVAIS TORT.
SCROOOSCH
18

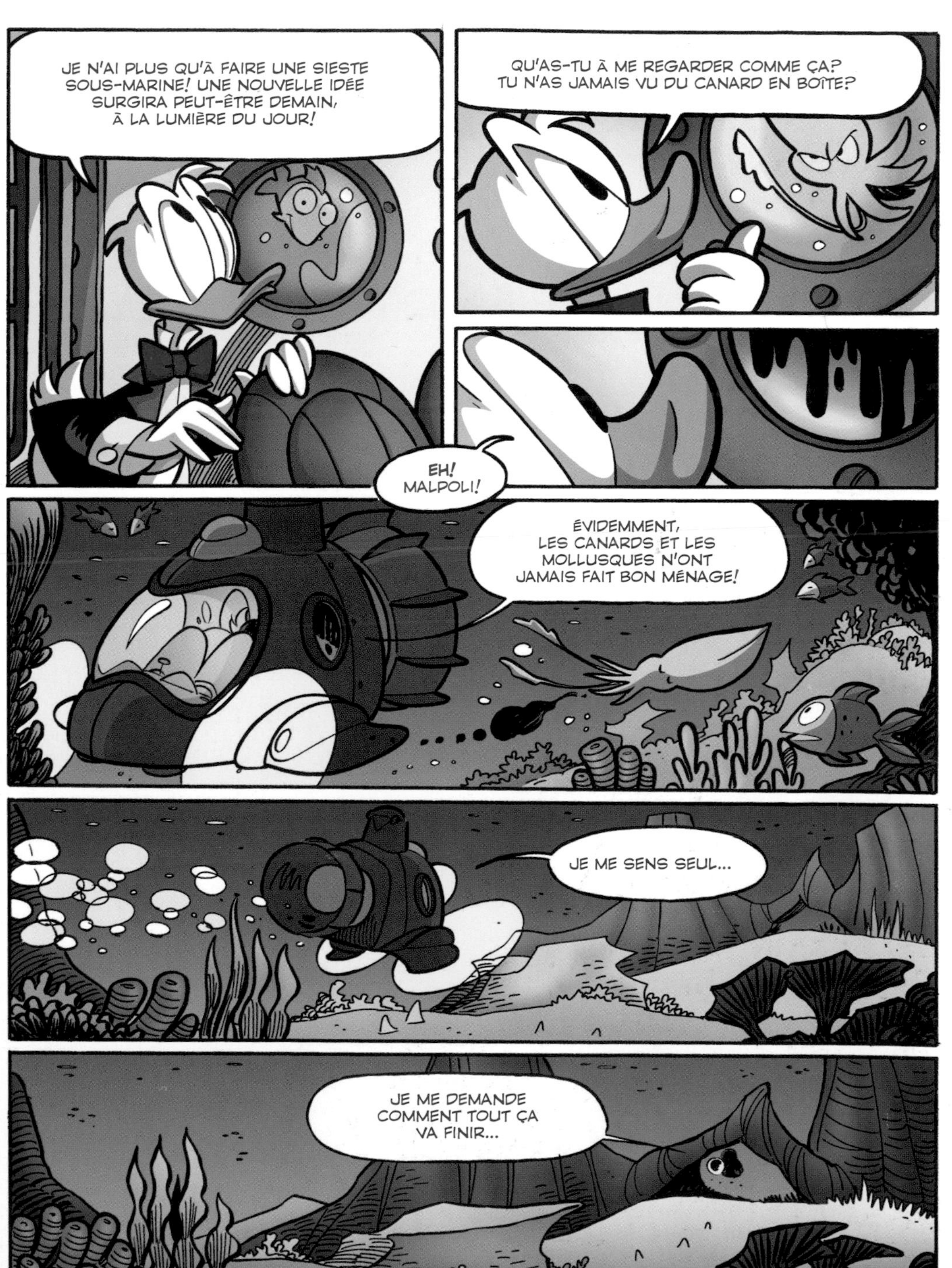
JE N'AI PLUS QU'À FAIRE UNE SIESTE SOUS-MARINE! UNE NOUVELLE IDÉE SURGIRA PEUT-ÊTRE DEMAIN, À LA LUMIÈRE DU JOUR!
QU'AS-TU À ME REGARDER COMME ÇA? TU N'AS JAMAIS VU DU CANARD EN BOÎTE?
EH! MALPOLI!
ÉVIDEMMENT, LES CANARDS ET LES MOLLUSQUES N'ONT JAMAIS FAIT BON MÉNAGE!
JE ME SENS SEUL...
JE ME DEMANDE COMMENT TOUT ÇA VA FINIR...
19

LE LENDEMAIN MATIN...
RIEN À SIGNALER, QUARTIER-MAÎTRE?
TOUT VA POUR LE MIEUX, COMMANDANT! IL A CESSÉ DE PLEUVOIR ET LE SOLEIL BRILLE.
MER PEU AGITÉE ET VENT FAVORABLE. ET NOUS SOMMES PARFAITEMENT À L'HEURE.
J'AIME QUAND TOUT MARCHE!
RIEN À L'HORI... SI! IL Y A QUELQUE CHOSE!
UN BANC DE HARENGS, MONSIEUR?
NON. UN CANARD SUR UN SOUS-MARIN! IL NOUS OBSERVE...
... IL A PEUT-ÊTRE BESOIN DE SECOURS!
BIEN REÇU!
VRR
20

TOUT VA BIEN, MONSIEUR?
OUI. POURRIEZ-VOUS M'INDIQUER UNE DIRECTION ROUTIÈRE... JE VEUX DIRE **MARITIME**?

POUR ALLER VERS LE PÔLE NORD, MIEUX VAUT CONTOURNER OU NAVIGUER TOUT DROIT?
OH! VOUS AUSSI, VOUS ALLEZ AU PÔLE NORD?

VOUS DEVRIEZ NOUS SUIVRE! NOUS ALLONS DANS LA MÊME DIRECTION, ET ENSUITE NOUS POURSUIVRONS À L'EST!
VRAIMENT? C'EST GÉNIAL!

VOUS N'AVEZ QU'À ARRIMER LE SOUS-MARIN AU NAVIRE ET MONTER À BORD! NOUS POURRONS BAVARDER PENDANT LE TRAJET!
21

AVEC PLAISIR!

DITES DONC, VOUS MANIPULEZ BIEN CE CÂBLE DE REMORQUAGE!
LA 313, MA VOITURE, TOMBE SOUVENT EN PANNE...

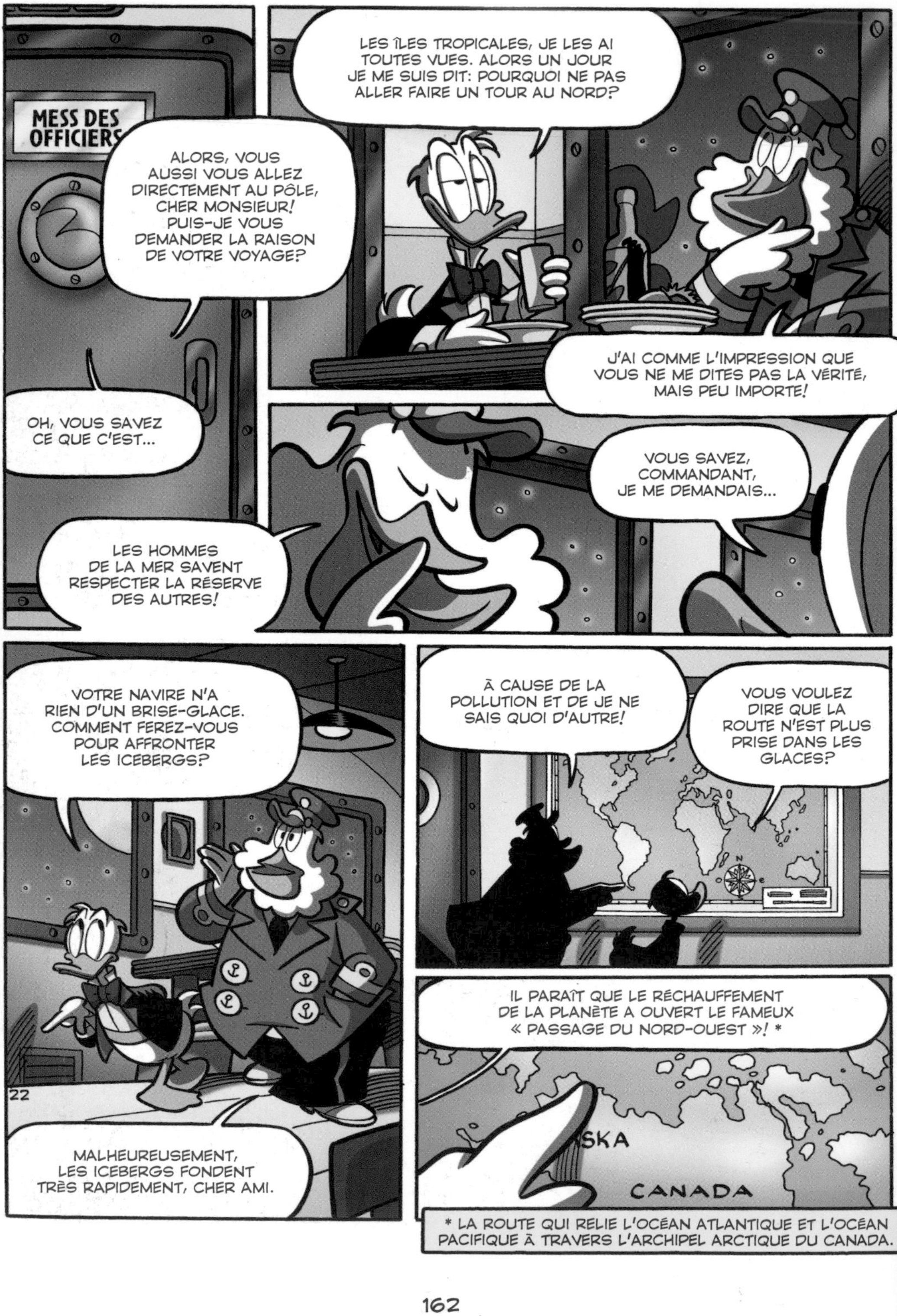

MESS DES OFFICIERS

ALORS, VOUS AUSSI VOUS ALLEZ DIRECTEMENT AU PÔLE, CHER MONSIEUR! PUIS-JE VOUS DEMANDER LA RAISON DE VOTRE VOYAGE?

OH, VOUS SAVEZ CE QUE C'EST...

LES ÎLES TROPICALES, JE LES AI TOUTES VUES. ALORS UN JOUR JE ME SUIS DIT: POURQUOI NE PAS ALLER FAIRE UN TOUR AU NORD?

J'AI COMME L'IMPRESSION QUE VOUS NE ME DITES PAS LA VÉRITÉ, MAIS PEU IMPORTE!

LES HOMMES DE LA MER SAVENT RESPECTER LA RÉSERVE DES AUTRES!

VOUS SAVEZ, COMMANDANT, JE ME DEMANDAIS...

VOTRE NAVIRE N'A RIEN D'UN BRISE-GLACE. COMMENT FEREZ-VOUS POUR AFFRONTER LES ICEBERGS?

22

MALHEUREUSEMENT, LES ICEBERGS FONDENT TRÈS RAPIDEMENT, CHER AMI.

* LA ROUTE QUI RELIE L'OCÉAN ATLANTIQUE ET L'OCÉAN PACIFIQUE À TRAVERS L'ARCHIPEL ARCTIQUE DU CANADA.

LES NAVIRES ÉCONOMISENT UN SACRÉ BOUT DE CHEMIN, MAIS JE NE SUIS PAS SÛR QUE CE SOIT VRAIMENT UNE BONNE CHOSE!
JE N'EN SUIS PAS SÛR NON PLUS!
IL FAUT FAIRE QUELQUE CHOSE, ET VITE, POUR ÉVITER QUE LES GLACIERS DE LA PLANÈTE NE FONDENT COMPLÈTEMENT!
CE SERAIT UNE CATASTROPHE!
OUI.
J'ESPÈRE QUE QUELQU'UN PENSE SÉRIEUSEMENT À RÉSOUDRE LE PROBLÈME.
EH BIEN... MOI, JE PENSE QUE LA SOLUTION N'EST PAS LOIN!
J'AIMERAIS PARTAGER VOTRE OPTIMISME!
VOUS ALLEZ VOUS REPOSER, COMMANDANT?
OUI. LA ROUTE EST DÉJÀ TRACÉE!
LE PILOTE AUTOMATIQUE EXISTE AUSSI SUR LES BATEAUX, MON AMI.
ON VOUS A PRÉPARÉ UNE CABINE. J'ESPÈRE QU'ELLE VOUS CONVIENDRA...
QUARTIER DES INVITÉS
JE SUIS CERTAIN QUE CE SERA PARFAIT, MERCI!
23

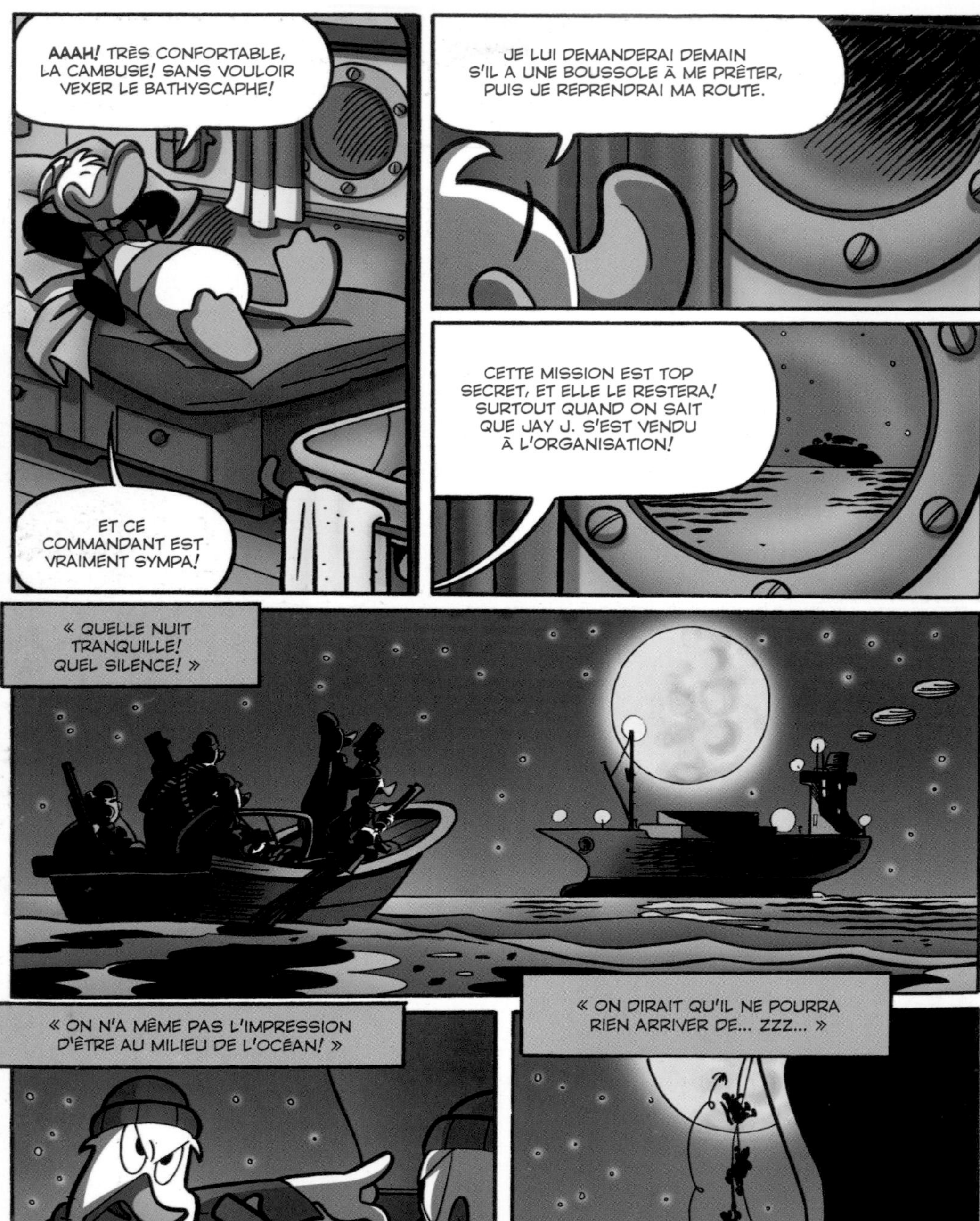
AAAH! TRÈS CONFORTABLE, LA CAMBUSE! SANS VOULOIR VEXER LE BATHYSCAPHE!
ET CE COMMANDANT EST VRAIMENT SYMPA!
JE LUI DEMANDERAI DEMAIN S'IL A UNE BOUSSOLE À ME PRÊTER, PUIS JE REPRENDRAI MA ROUTE.
CETTE MISSION EST TOP SECRET, ET ELLE LE RESTERA! SURTOUT QUAND ON SAIT QUE JAY J. S'EST VENDU À L'ORGANISATION!
« QUELLE NUIT TRANQUILLE! QUEL SILENCE! »
« ON N'A MÊME PAS L'IMPRESSION D'ÊTRE AU MILIEU DE L'OCÉAN! »
« ON DIRAIT QU'IL NE POURRA RIEN ARRIVER DE... ZZZ... »
24

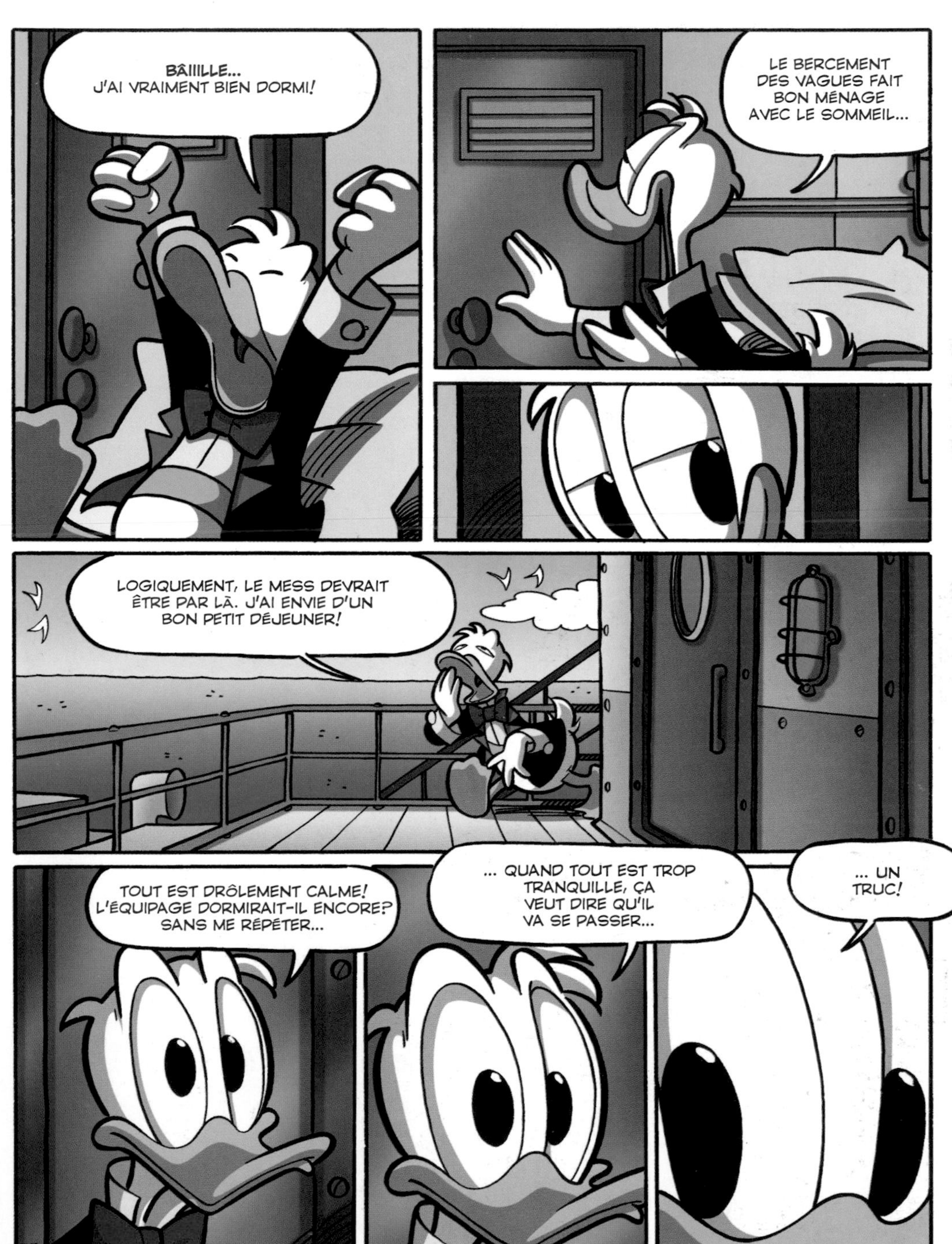
BÂIIILLE...
J'AI VRAIMENT BIEN DORMI!
LE BERCEMENT
DES VAGUES FAIT
BON MÉNAGE
AVEC LE SOMMEIL...
LOGIQUEMENT, LE MESS DEVRAIT
ÊTRE PAR LÀ. J'AI ENVIE D'UN
BON PETIT DÉJEUNER!
TOUT EST DRÔLEMENT CALME!
L'ÉQUIPAGE DORMIRAIT-IL ENCORE?
SANS ME RÉPÉTER...
... QUAND TOUT EST TROP
TRANQUILLE, ÇA
VEUT DIRE QU'IL
VA SE PASSER...
... UN
TRUC!
25

ET LUI, C'EST QUI ALORS? LE **COPILOTE AUTOMATIQUE**?
OUPS! LE COMMANDANT ET LE QUARTIER-MAÎTRE LIGOTÉS!
LE BATEAU EST SOUS CONTRÔLE!
EMMENEZ-LE OÙ VOUS SAVEZ! NOUS LE PILLERONS DÈS CE SOIR!
DES PIRATES!
J'ESPÈRE QU'ILS N'ONT PAS REMARQUÉ LE BATHYSCAPHE!
IL FAUT QUE JE FILE AVANT QU'IL NE SOIT TROP TARD!
MAIS... JE NE PEUX PAS LAISSER LE COMMANDANT DANS LE PÉTRIN ALORS QU'IL M'A AIDÉ DANS UN MOMENT CRITIQUE!
26

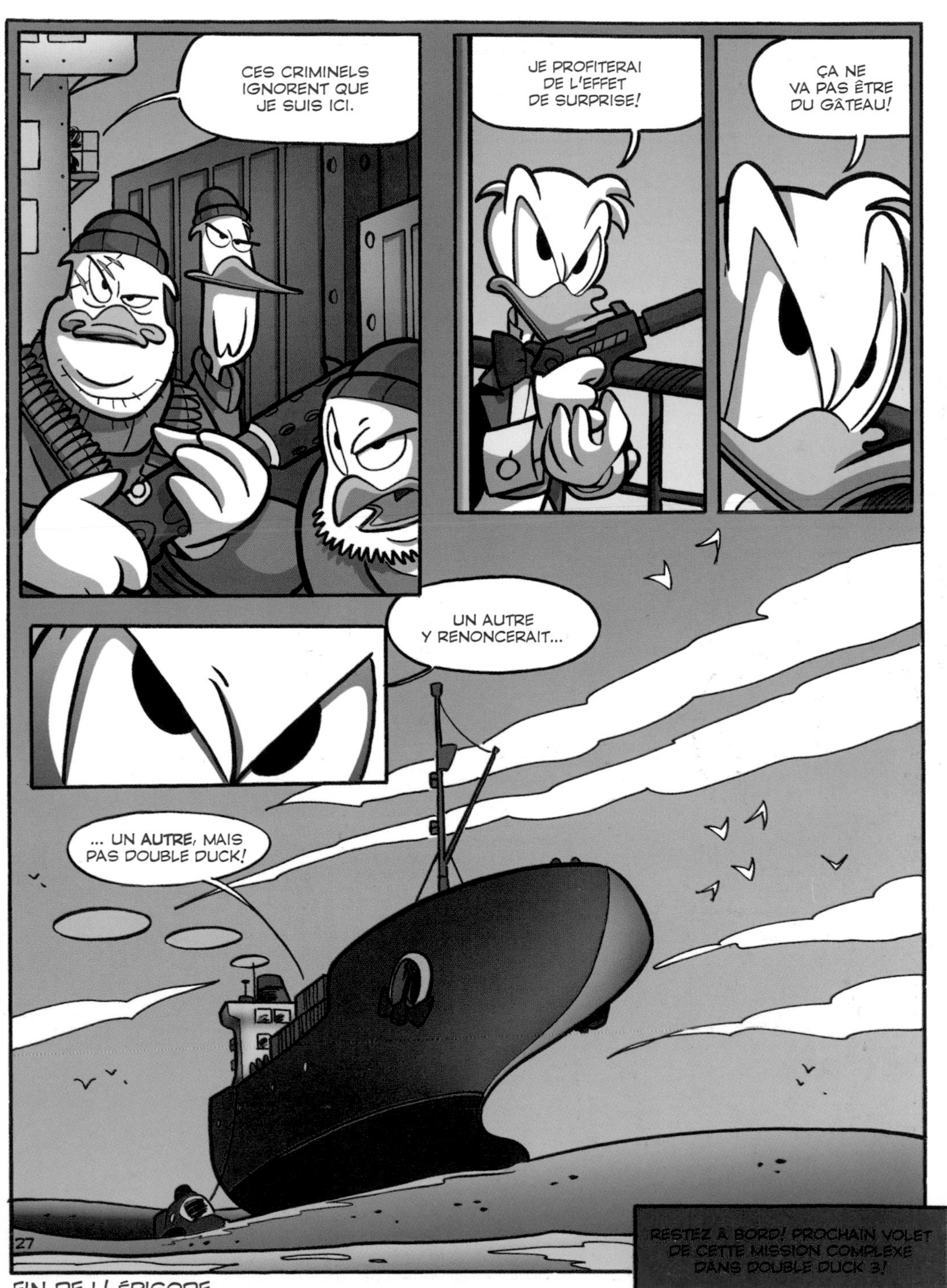

RESTEZ À BORD! PROCHAIN VOLET DE CETTE MISSION COMPLEXE DANS DOUBLE DUCK 3!

FIN DE L' ÉPISODE.

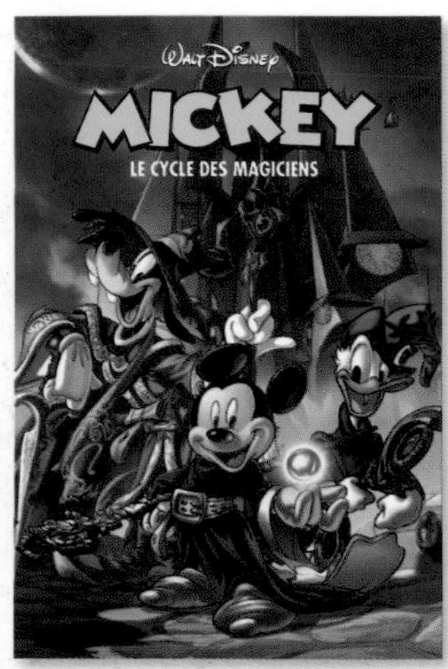

MICKEY - LE CYCLE DES MAGICIENS

ISBN 978-2-89660-815-7

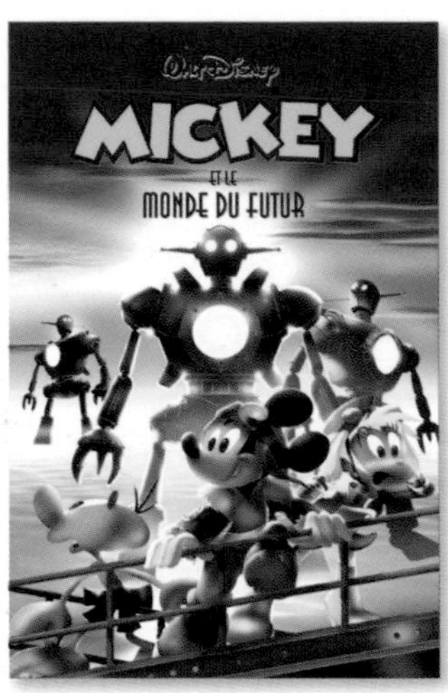

MICKEY ET LE MONDE DU FUTUR

ISBN 978-2-89660-565-1

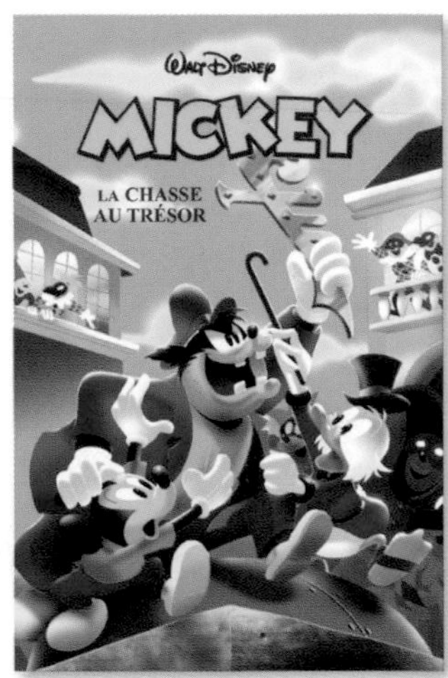

MICKEY - LA CHASSE AU TRÉSOR

ISBN 978-2-89660-466-1

DONALD - L'AGENT SECRET DOUBLE DUCK

ISBN 978-2-89660-575-0

DONALD - L'OR DES PIRATES

ISBN 978-2-89660-467-8

DONALD - LE MONDE DES MAÎTRES DRAGONS

ISBN 978-2-89660-460-9

HISTOIRE DE JOUETS - JOUETS À BORD

ISBN 978-2-89660-516-3

HISTOIRE DE JOUETS - LE RETOUR DE BUZZ LIGHTYEAR

ISBN 978-2-89660-365-7

HISTOIRE DE JOUETS - LA LUTTE DES JOUETS

ISBN 978-2-89660-459-3

LES BAGNOLES - ROUTE 66

ISBN 978-2-89660-555-2

LES BAGNOLES - RADIATOR SPRINGS

ISBN 978-2-89660-488-3

LES BAGNOLES - LA RECRUE

ISBN 978-2-89660-461-6

PICSOU - LA PIERRE PHILOSOPHALE

ISBN 978-2-89660-519-4

PICSOU - LES SEPT CITÉS DE CIBOLA

ISBN 978-2-89660-806-5

PICSOU - LA MALÉDICTION DE FLABBERGÉ

ISBN 978-2-89660-458-6

PICSOU - LES 50 COFFRES-FORTS

ISBN 978-2-89660-368-8

MONSTRES, INC. - L'USINE DU RIRE

ISBN 978-2-89660-518-7

LES AVIONS ET L'UNIVERSITÉ DES MONSTRES

ISBN 978-2-89660-810-2

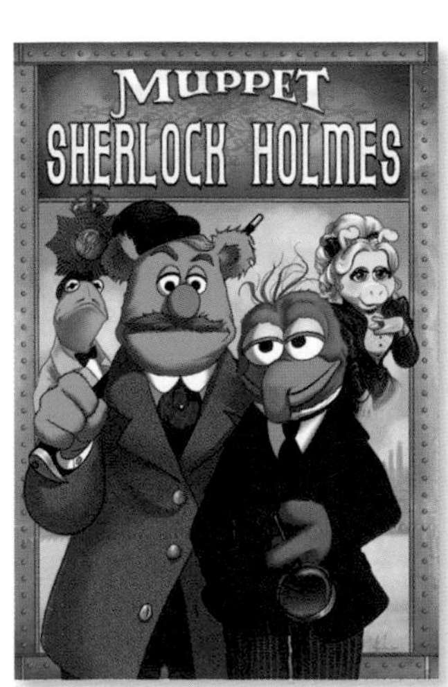

MUPPET - SHERLOCK HOLMES

ISBN 978-2-89660-517-0

LE MUPPET SHOW - LE SPECTACLE CONTINUE

ISBN 978-2-89660-462-3

LE MUPPET SHOW - RÉUNION DE FAMILLE

ISBN 978-2-89660-364-0

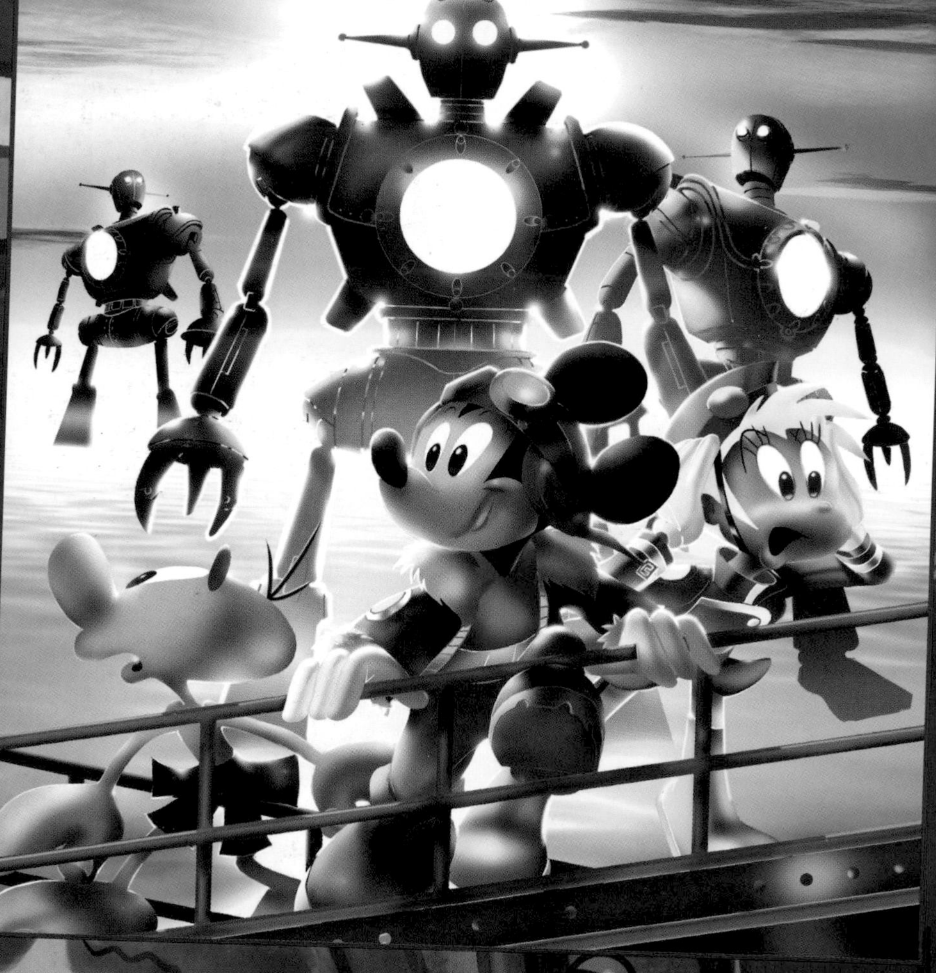

Mickey a entrevu ce que pourrait être le futur… un futur des plus terrifiants qu'il est le seul à pouvoir empêcher de devenir réalité !

MICKEY ET LE MONDE DU FUTUR
WALT DISNEY
CHAPITRE 1 :
DE MYSTÉRIEUX NUMÉROS
LES GLACES DE L'ANTARCTIQUE! UNE ÉTRANGE MACHINE ARPENTE LES ÉTENDUES ENNEIGÉES...
AH! AH! LA VOILÀ! VOICI CE QUE NOUS CHERCHIONS!
BRR!

NOUS AVONS LE CONTACT AVEC... BRRR... **LA BASE TROIS!**

QU'EST-CE?
IL SEMBLE QUE CELLE-CI NE SOIT PAS **ABANDONNÉE** COMME LES AUTRES!
!!!

JE **SAVAIS** QU'ON NE NOUS AVAIT PAS OUBLIÉS, WALLACE! APRÈS TOUT, ÇA FAIT À PEINE TRENTE **ANS** QU'ON EST ICI!
DONNE-MOI UN SMOKING ET TRAITE-MOI DE PINGOUIN, MON VIEUX WILLIS! ON VA **FÊTER** ÇA! **MUSIQUE!**

ZIN-GUEDING-GUEDING HOU-PAH -PAH!
ILS JOUENT DE **L'ACCORDÉON**, MONSIEUR! VOUS FERIEZ MIEUX DE VENIR!

!

VOUS, VOUS DEVEZ ÊTRE LE PATRON!
VOUS VENEZ POUR LA MACHINE, N'EST-CE PAS?

PAS DE SOUCI! ELLE EST EN PARFAITE CONDITION.
ENTREZ! VENEZ JETER UN ŒIL!

ELLE EST PRÊTE À ROULER, MESSIEURS... N'IMPORTE QUAND!
INCROYABLE!

FAITES-LA DÉMARRER!
OH! IMPOSSIBLE SANS LE CODE, MON GARS!

OUAIS! LE CODE QUE VOUS SAVEZ PAR CŒUR.
EUH... BIEN SÛR! C'EST BÊTE, MAIS... ON L'A OUBLIÉ!